はやと

ひまりの弟。4年生。

アン

エドの妹。はやとのクラスメート。

エミリー先生

ひまりたちの英語の先生。

ひまりの
クラスの
担任の先生

ひまりの
お父さんと
お母さん

監修

石原真弓

小学生のための

聞ける！話せる！

英語辞典

旺文社

［英語の勉強を始めたみなさんへ］

外国の人と英語であいさつをしたり，自分のことを話したり，相手に質問できたらいいな。──だいじょうぶ，できるようになります！

小学生のみなさんに一番がんばってほしいのは，たくさんの英語表現を「音で覚える」ことです。ネイティブスピーカーの発音やリズムをまねしながら言ってみましょう。英語の文字を目で追いながら声に出すと，単語を並べる順やつづりなどの特徴が見えて，より効果的です。はじめは難しく感じられる単語や文も，繰り返し練習するうちに脳と口が音で記憶し，すらすら言えるようになっていきます。音で記憶した英語は，読んだり書いたりして英語を理解するときにも役立ちます。

この本には，あいさつ，自己紹介，家族のこと，学校のこと，好きなもの，なりたいもの，旅行，買い物，気持ち，感想など，日常のありとあらゆるシーンで使える英語表現がたくさんのっています。基本のパターンに単語を入れると英文が完成する仕組みになっているので，単語カードをめくる感覚でいろんな単語を入れて応用してみましょう。自分に当てはまる文は，できるだけたくさん覚えておくといいですね。

言えた喜び，通じたときのわくわく感は，自信と英語の楽しさにつながります。そして，英語がもっと好きになります。かっこよく英語を話す自分を想像しながら，がんばりましょう。

2020年10月

石原真弓

Staff

執筆・編集協力	有限会社マイプラン（広川千春・芦原瑞菜）
校正	本多美佐保
英文校閲	Jason Andrew Chau
装丁・本文デザイン	細山田光宣＋木寺 梓（細山田デザイン事務所）
装丁イラスト	サタケシュンスケ
本文イラスト	秋野純子，高村あゆみ
録音	ユニバ合同会社
ナレーション	Winton White，Jenny Skidmore
編集部	本城 綾，前田典子，前田裕章

ロ もくじ

おでかけ・旅行で コレが言いたい！

［この辞典の使い方］

　この辞典は日本語から探す，英語の表現辞典です。学校の授業や宿題に取り組んでいるとき，外国人と英語で話したいとき，「こういうことを言いたい」と考えたことを英語にするお手伝いをします。

ロ この辞典のしくみ

自分の知りたいことがこの辞典のどこにあるのか，探す手がかりはいろいろあるよ。こんなところに注目してみよう。

手がかり❶

59の身近な場面が設定されていて，その場面で使える表現を見つけることができるよ。

将来の夢について言いたければ「歌手になりたいな」にあるかな，友達を遊びに誘いたければ「おにごっこをしよう！」がいいかな，などと想像しながら，自分の言いたいことが出てくる場面を探してみよう。

手がかり❷

この辞典は6つの大きな場面にわかれていて、ここを見るとわかるよ。自分が知りたい場面のページをめくって言いたいことを探してみよう。

手がかり❸

場面ごとにことばのテーマがあるよ。

「歌手になりたいな」ならば「職業」，「おにごっこをしよう！」ならば「遊び」についてのことばがたくさんならんでいるよ。ことばを探すときは，このテーマに注目して みよう。

●もくじには，手がかりが全部ならんでいるよ。そこから探すのもいいね。

●知りたいことばや表現が決まっているときは，巻末のさくいんから探してみるといいよ。

使ってみたい基本の文だよ。

黄色いカードの入れかえでは言えない言い方は，青いカードに なっているよ。

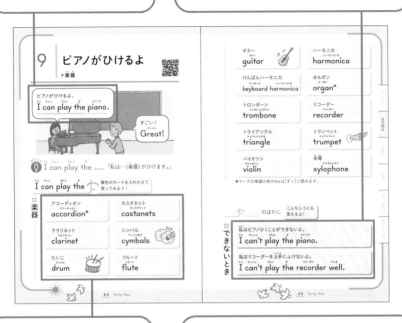

基本の文をもとに，黄色いカード を入れかえると，いろいろなものについて言うことが できるよ。

英語はデジタルブックで実際の音を 聞いて，発音をまねしよう。参考のためにカナ発音がついている よ。赤い文字は強く発音してね。

● ➡マークの先のページには，関係のあることばや 入れかえに使えることばがあります。

➡ p.38 「スポーツ」

●（ ）のカッコに入ったことばは，省略することができます。

キウイ
kiwi (fruit)

●［ ］のカッコに入ったことばは，直前のことばと入れかえることができます。

秋の初め
early fall[autumn]

●(米で)(英で)とは，それぞれその単語が「アメリカ英語」「イギリス英語」であることを表しています。

秋
(米で) fall, (主に英で) autumn

●ななめの書体で書かれた単語は，英語にとって外国語であることを表しています。

うどん
udon noodles

［デジタルブックで音声を聞こう］

この辞典の12ページから251ページにはデジタルブックがついています。
デジタルブックでは音声を聞くことや，単語を検索することなどができます。

18 | 歌手になりたいな
▶職業

スマートフォンまたはタブレットで読みとると，同じページにジャンプするよ。

左上のタブの中の🔍ボタンから文字を入力して検索することもできるよ。

英語にタッチすると音声が出るよ。

🔊 I want to be a singer.

ページをめくるように画面にタッチすれば，次のページに行けるよ。

🔊 seventy-three

🔊 I want to be a baker.

※「ポイント」と緑のカードの英語と，囲み記事の中の英語は音声が出ません。

［英語の特徴とルール］

ロ英語の文字はアルファベット

　日本語の文字は，ひらがな，カタカナ，漢字と３種類ありますが，英語の文字はアルファベット１種類です。アルファベットにはAからZまでの26文字があり，これらを組み合わせて単語や文を作ります。

ロ文字の読み方

　日本語の「あいうえお」は，ひとつの文字にひとつの読み方しかありません。「あ」はいつも「あ」と読みます。それに比べて英語は，aを［ア］と読んだり，［エイ］と読んだりします。また，ほかのアルファベットとの組み合わせによって読み方が変わったりします。

例
- りんご　apple ［アプる］
- エプロン　apron ［エイプロン］
- 8月　August ［オーガスト］

ロ英語の発音

　この本は単語にカタカナが書いてあります。音声を聞くことができない人は，このカタカナを見ながら練習しましょう。音声を聞ける人は，聞こえたとおりの発音をまねするようにしてください。
　英語には日本語にない音があります。例えば，［ア］と書いてあっても，それが日本語の［ア］と同じ場合もあれば，［オ］が混ざったような［ア］の音や［ェア］に近い音もあります。音声をよく聞いてまねをすると，英語を話す国の人たちの発音に近づくことができますよ。

ロ英語のリズム

　英語は発音も大切ですが，リズムも同じくらい大切です。強く言うところは強く，弱く言うところは弱く発音すると英語らしく聞こえます。この本では，強く言う部分のカタカナを赤い文字で示しています。そこを強く発音し，リズ

ムを意識して英語を話すようにしましょう。強弱をつけずに，日本語を話すときと同じ調子で英語を話すと，外国の人に通じにくくなることがあります。

□英語の文

　英語の文は，最初の1文字を大文字で書き，単語と単語の間を少しあけ，文の最後にピリオド「.」を打ちます。

　質問文の場合は，ピリオドの代わりにクエスチョンマーク「?」を使います。驚きなどの強い気持ちには，エクスクラメーションマーク「!」をつけます。

例

Have a nice day.
　　↑　　　　↑　　　　　　　↑
　大文字　間をあける　　　ピリオド

□いつも大文字にする単語

　次の単語は文の途中でも最初の1文字を必ず大文字で書きます。
I（私は），人の名前（例：Ed, Himari），地名（例：Kyoto, America），言語や国民（例：English, Japanese），月（例：April），曜日（例：Sunday, Monday），星座（例：Gemini）など。

□英語では主語が必要

　例えば，「公園へ行きたいな」という文は，「（私は）公園へ行きたいな」という意味だとわかるため，日本語では「私は」という主語を言わないことが多いですね。英語では，I want to go to the park.と，「だれは」や「だれが」を表す主語「I」が必要です。

□英語は日本語と語順が違う

　英語の文は日本語の文とことばの順序が違います。日本語は主語を言わないことが多く，動詞は文の最後にきますが，英語は「私は見た」「私は好きだ」のように，まず，「主語と動詞」を言います。そのあとに，「何を」や「だれと」「いつ」「どこで」といったことばをつけ加えていきます。

例
- I saw a movie with my family. （私は見た＋映画を＋家族と）
- It's on the desk. （それはあるよ＋机の上に）

□英語の動詞

　英語の動詞は主語によって形を変えることがあります。例えば、年れいを言うときなどに使う「～です」を表す動詞は、主語によってam, is, areを使い分けます。

例
- 私は10歳です。　　I am ten years old.
- かのじょは10歳です。　She is ten years old.
- あなたは10歳です。　You are ten years old.

I amをI'm, She isをShe's, You areをYou'reと短くくっつけることもあります。

□英語の過去形

　「～しました」と過去のことを言うときは、動詞を過去形にします。ふつうは動詞に-dや-edをつけますが、それ以外の形に変わる動詞もあります。

例
- like（…が好き）⇒ liked（…が好きだった）
- help（…を手伝う）⇒ helped（…を手伝った）
- see（…を見る）⇒ saw（…を見た）

□英語の複数形

　人やものを表す単語は、2人以上、または2つ以上のとき、複数形にします。複数形は、単語の最後に-sをつけて表します。単語によって、-esをつけたり、それ以外の形で複数を表したりすることもあります。

例
- 姉, 妹　a sister（1人）⇒ sisters（複数）
- 本　a book（1冊）⇒ books（複数）
- 腕時計　a watch（1つ）⇒ watches（複数）
- 子ども　a child（1人）⇒ children（複数）　　　　（石原真弓）

11

あいさつで
コレが言いたい!

おはよう!

Good morning!
（おはよう！）

なんで英語なの？

となりにアメリカ人の家族が引っこしてきたから話せるように練習しているの！

アメリカ！ かっこいい！

でも英語って難しいよね。

そんなことないよ。いっしょにがんばろう！

リンちゃん

新しい一日も、新しい友達も、
まずあいさつから始まるよね。
おはよう！元気？ありがとう。またね。
ぴったりのあいさつを見つけよう。

1 おはよう！

▶あいさつ

おはよう。
Good morning.
（グッド　モーニング）

おはよう。
Good morning.
（グッド　モーニング）

□ 出会ったときのあいさつ

こんにちは。
Good afternoon.
（グッド　アフタヌーン）

こんばんは。
Good evening.
（グッド　イーヴニング）

こんにちは。
Hello.
（へろウ）

やあ。
Hi.
（ハイ）

ひさしぶり。
Long time no see.
（ろ(ー)ング　タイム　ノウ　スィー）

また会えてうれしいよ。
Good to see you again.
（グッド　トゥー　スィー　ユー　アゲン）

➔ p.26 「はじめまして」

もう行かなきゃ。またね。
（アイ）（ハフ）（トゥー）（ゴウ）（スィー）（ユー）
I have to go. See you.

バイバイ。
（バイ）
Bye.

あいさつ

自己紹介

学校で

友達に

家で・家族と

おでかけ・旅行

□
別れるときのあいさつ

さようなら。
（グッドバイ）
Goodbye.

じゃあね。
（テイク）（ケア）
Take care.

また明日。
（スィー）（ユー）（トゥマ（ー）ロウ）
See you tomorrow.

また月曜日。
（スィー）（ユー）（オン）（マンデイ）
See you on Monday.

いい一日を。
（ハヴ）（ア）（ナイス）（デイ）
Have a nice day.

いい週末を。
（ハヴ）（ア）（ナイス）（ウィーケンド）
Have a nice weekend.

おやすみ。
（グッド）（ナイト）
Good night.

いい夢を。
（スウィート）（ドゥリームズ）
Sweet dreams.

2 | 元気?

▶調子・体調・気持ち

元気?
ハウ　アー　ユー
How are you?

元気だよ。
アイム　ファイン
I'm fine.

ポイント
アイム
I'm .... 「私は…です。」

アイム
I'm ｜ 黄色のカードを入れかえて
言ってみよう！

調子・体調

素晴らしい
グレイト
great

よい
グッド
good

かなりよい
プリティ　グッド
pretty good

まずまずの
オウケイ
OK

悪くない
ナ(ー)ット　バッド
not bad

まあまあの
ソウソウ
so-so

あまりよくない
ナ(ー)ット　ソウ　　グッド
not so good

よくない
ナ(ー)ット　　ドゥーイング　　ウェる
not doing well

病気の
スィック
sick

つかれた
タイアド
tired

→ p.174「病気」

> How are you? はあいさつの決まり文句の1つなので，英語では「具合が悪い」という返事はしないことが多いよ。

□ 状態

いそがしい
ビズィ
busy

ねむい
スリーピィ
sleepy

空腹の
ハングリィ
hungry

のどがかわいた
さ〜スティ
thirsty

あいさつ

自己紹介

学校で

友達に

家で・家族と

おでかけ・旅行

元気だよ。
アイム　ふァイン
I'm fine.

 のほかに　こんなふうにも言えるよ！

ほかの言い方

かんぺきだよ。
パ〜ふェクト
Perfect.

最高だよ。
エクセレント
Excellent.

いつも通りだよ。
セイム　アズ　ユージュ(ア)る
Same as usual.

気分はいいけど，今はおなかがすいているよ。
アイ　ふィーる　グッド　バット　アイム　ハングリィ　ナウ
I feel good, but I'm hungry now.

気分がよくないよ。
アイ　ドゥント　ふィーる　ウェる
I don't feel well.

▶ ほかの言い方でたずねたいとき

「元気？」はほかにこんなふうに言えるよ。定番の答え方もいっしょに覚えてしまおう

元気？

ハウ　アー　ユー　ドゥーイング
How are you doing?

元気だよ。

アイム　ドゥーイング　ファイン
I'm doing fine.

元気にしてた？

ハウ　ハヴ　ユー　ビーン
How have you been?

元気だったよ。

アイヴ　ビーン　グッド
I've been good. ※I'm ....では答えられません。

調子はどう？

ハウズ　イット　ゴウイング
How's it going?

いいよ。

イッツ　ゴウイング　ウェる
It's going well. ※I'm ....では答えられません。

最近どう？

(フ)ワッツ　アップ
What's up?

いつも通りだよ。

ナッすィング　スペシャる
Nothing special. ※I'm ....では答えられません。

あいさつ

自己紹介

学校で

友達に

家で・家族と

おでかけ・旅行

（具合が悪かった人に）気分はどう？

ハウ　アー　ユー　フィーリング
How are you feeling?

よくなったよ。

アイム　ベタァ　ナウ
I'm better now.

（いろいろな場面で）どんな気持ち？

ハウ　アー　ユー　フィーリング
How are you feeling?

うれしいな。

アイム　ハピィ
I'm happy.

アイム
I'm

黄色のカードを入れかえて
言ってみよう！

気持ち

心配して
ワ～リッド
worried

おこった
アングリィ
angry

興奮した
イクサイティッド
excited

こわがっている
スケアド
scared

緊張して
ナ～ヴァス
nervous

悲しい
サッド
sad

3

日常生活でよく使うあいさつ

あいさつ

自己紹介

学校で

友達に

家で・家族と

おでかけ・旅行

□ 謝る―答える

ごめんなさい。
I'm sorry.
<small>アイム サ(ー)リィ</small>

（ぶつかったときなどに）すみません。
Excuse me.
<small>イクスキューズ ミー</small>

いいよ。
That's OK.
<small>ザッツ オウケイ</small>

問題ないよ。
It's no problem.
<small>イッツ ノウ プラ(ー)ブレム</small>

気にしないで。
Don't worry about it.
<small>ドウント ワ〜リィ アバウト イット</small>

あっ！ ごめんなさい！

いいよー

□

ありがとう。
Thank you.
（サンク　ユー）

ありがとう。
Thanks.
（サンクス）

どういたしまして。
You're welcome.
（ユア　ウェるカム）

どういたしまして。
It's my pleasure.
（イッツ　マイ　プれジャ）

いつでも。
Anytime.
（エニタイム）

お安いご用だよ。
No problem.
（ノウ　プラ(ー)ブレム）

なんの
なんの

ありがとう！

□ **英語に決まった言い方がないもの**

いってきます。
アイム リーヴィング
I'm leaving.

いってらっしゃい。
テイク ケア
Take care.

ただいま。
アイム ホウム
I'm home.

おかえりなさい。
ハウ ワズ ユア デイ
How was your day?

いただきます。
レッツ イート
Let's eat.

ごちそうさまでした。
イット ワズ グレイト
It was great.

あいさつ

自己紹介

学校で

友達に

家で・家族と

おでかけ・旅行

自己紹介で
コレが言いたい!

転校生の
エドくんを紹介します。

Ed

Nice to meet you.
（はじめまして。）

I'm Ed. エドです。

ねぇ
ねぇ

Hi, Ed.
（こんにちは，エド。）

Himari!
（ひまり！）

リンちゃんは
やっぱりすごいな。

リンちゃん
すご〜い

ここには自己紹介で使える表現が集めてあるよ。
はじめまして。12歳だよ。
ピアノがひけるよ。将来は歌手になりたいな。
言いたいことを見つけよう。

4 | はじめまして

▶初対面のあいさつ

はじめまして。
ナイス　トゥー　ミート　ユー
Nice to meet you.

はじめまして。
ナイス　トゥー　ミート　ユー　トゥー
Nice to meet you, too.

あなたの名前は何？
(フ)ワッツ　　ユア　　ネイム
What's your name?

私の名前はひまりだよ。
マイ　ネイム　イズ　ヒマリ
My name is Himari.

ぼくはエドワード。
アイム　エッドワド
I'm Edward.

アメリカ出身だよ。
アイム　ふラム　アメリカ
I'm from America.

➡ p.242「国・都市」

あなたの名前はどうやってつづるの？
ハウ　ドゥー　ユー　スペる　ユア　ネイム
How do you spell your name?

E-D-W-A-R-D。エドワードだよ。
イー　ディー　ダブりゅー　エイ　アー　ディー　　エッドワド
E-D-W-A-R-D. Edward.

あなたのことを何と呼んだらいい？
(フ)ワット　キャン　アイ　コーる　ユー
What can I call you?

エドって呼んでね。
コーる　ミー　エッド
Call me Ed.

あなたのニックネームは何？
(フ)ワッツ　ユア　ニックネイム
What's your nickname?

ぼくのニックネームはエドだよ。
マイ　ニックネイム　イズ　エッド
My nickname is Ed.

5 | 12歳だよ

▶年れい：数

きみは何歳？
How old are you?
ハウ　オウるド　アー　ユー

私は12歳だよ。
I'm twelve years old.
アイム　トゥウェるヴ　イアズ　オウるド

ポイント **I'm ... years old.** 「私は…歳です。」
アイム　イアズ　オウるド

I'm
アイム

黄色のカードを入れかえて言ってみよう！

years old
イアズ　オウるド

1〜20の数

1
ワン
one ※yearsがyearになります。

2
トゥー
two

3
すリー
three

4
ふォー
four

5
ふァイヴ
five

6
スィックス
six

7
セヴン
seven

8
エイト
eight

9
ナイン
nine

10
テン
ten

11
イレヴン
eleven

12
トゥウェるヴ
twelve

13
さ～ティーン
thirteen

14
ふォーティーン
fourteen

15
ふィふティーン
fifteen

16
スィクスティーン
sixteen

17
セヴンティーン
seventeen

18
エイティーン
eighteen

19
ナインティーン
nineteen

20
トゥウェンティ
twenty

→ p.37「学年」,
p.57「日にち」

あいさつ

自己紹介

学校で

友達に

家で・家族と

おでかけ・旅行

私は12歳だよ。

I'm twelve years old.
アイム　トゥウェるヴ　イアズ　オウるド

_____ _____ _____ のほかに

こんなふうにも
言えるよ!

□ 年れいを答えるときに使える表現

当ててみて!
ゲス

Guess!

もうすぐ10歳だよ。

I'm almost ten years old.
アイム　オーるモウスト　テン　イアズ　オウるド

あなたより1歳年上だよ。

I'm one year older than you.
アイム　ワン　イア　オウるダ　ざン　ユー

私は今日，10歳になったよ。

I turned ten years old today.
アイ　タ～ンド　テン　イアズ　オウるド　トゥデイ

私は来週，10歳になるよ。

I will be ten years old next week.
アイ　ウィる　ビー　テン　イアズ　オウるド　ネクスト　ウィーク

あなたと同じだよ。

The same as you.
ざ　セイム　アズ　ユー

数　number

ナンバァ

0 ズィ(ア)ロウ **zero**	
1 ワン **one**	**2** トゥー **two**
3 すリー **three**	**4** ふォー **four**
5 ふァイヴ **five**	**6** スィックス **six**
7 セヴン **seven**	**8** エイト **eight**
9 ナイン **nine**	**10** テン **ten**
11 イれヴン **eleven**	**12** トゥウェるヴ **twelve**
13 さ～ティーン **thirteen**	**14** ふォーティーン **fourteen**
15 ふィふティーン **fifteen**	**16** スィクスティーン **sixteen**
17 セヴンティーン **seventeen**	**18** エイティーン **eighteen**
19 ナインティーン **nineteen**	**20** トゥウェンティ **twenty**

あいさつ

自己紹介

学校で

友達に

家で・家族と

おでかけ・旅行

数（21〜30）

21	トゥウェンティ ワン twenty-one	22	トゥウェンティ トゥー twenty-two
23	トゥウェンティ すリー twenty-three	24	トゥウェンティ ふォー twenty-four
25	トゥウェンティ ふァイヴ twenty-five	26	トゥウェンティ スィックス twenty-six
27	トゥウェンティ セヴン twenty-seven	28	トゥウェンティ エイト twenty-eight
29	トゥウェンティ ナイン twenty-nine	30	さ〜ティ thirty

もっと大きな数

40	ふォーティ forty	50	ふィふティ fifty
60	スィクスティ sixty	70	セヴンティ seventy
80	エイティ eighty	90	ナインティ ninety
100	ワン ハンドゥレッド one hundred		
1000	ワン さウザンド one thousand		

いろいろな数の言い方

　英語には数が2種類あります。人数などの「数」を言うとき，「順序」を言うときで使い分けます。

■数を言うとき

　1，2，3…と数えるときや，いくつあるか，何人いるかなど，数を言うときは，p.28のone, two, three…を使います。例えば，「かくれんぼ」でおにになった子が10秒数えてから友だちを探しに行くときや，「車が2台あるよ」，「妹が1人いるよ」などと話すときは，この数で表します。まずは1〜20までパッと言えるようにがんばりましょう。

■順序を言うとき

　1番目，2番目，3番目…と順序を言うときは，p.37，p.57にあるfirst, second，third…を使います。学年や日にちはこの数で表します。例えば，「3年生」は小学校6学年のうち3年目の学年ですね。「5日」はその月の5番目の日を指します。旅行の日程の「1日目，2日目」や，問題集の「1問目，2問目」なども順序を言うときの数を使います。

■大きな数の作り方

　21以上の2けたの数は，20，30，40…など0で終わる数と1〜9の数を組み合わせ，間に「−」を入れます。21はtwenty（20）とone（1）でtwenty-one，56はfifty（50）とsix（6）でfifty-sixとなります。

　3けたの数は，hundred（100）と2けたの数を組み合わせ，間にandを入れます。例えば，110はone hundred and ten，239はtwo hundred and thirty-nineです。p.32を見ながら大きな数を練習してみましょう。

■いろいろな数の読み方

　郵便番号や電話番号は，数を言うときの数字を1つずつ読みます。例えば，「〒162-8680」はone, six, two, eight, six, eight, zeroです。

　スポーツの得点も数字を1つずつ読みます。「〜対…」の「対」はto（トゥー）と言い，「5対1」はfive to oneです。「2対2」の場合は，two to twoで「トゥー，トゥー，トゥー」と読みます。

あいさつ

自己紹介

学校で

友達に

家で・家族と

おでかけ・旅行

6 北小学校に通っているよ

▶学校

北小学校に通っているよ。

アイ　ゴウ　トゥー　　キタ　　　　エれメンタリィ　　　　スクーる
I go to Kita Elementary School.

そうなんだ。
アイ　スィー
I see.

ポイント　アイ　ゴウ　トゥー
I go to .... 「私は…に通っています。」

アイ　ゴウ　トゥー
I go to ◯　黄色のカードを入れかえて言ってみよう！

□ 学校

保育園
ナ〜サリィ　　　　　スクーる
nursery school

幼稚園
キンダガードゥン
kindergarten

小学校
エれメンタリィ　　　　スクーる
elementary school

中学校
デューニャ　　ハイ　　スクーる
junior high school

高等学校
high school
ハイ　　　　　スクーる

工業高校
technical high school
テクニカる　　　　ハイ　　　スクーる

商業高校
commercial high school
コマ～シャる　　　　　　ハイ　　　スクーる

通信制高校
correspondence high school
コーレスパ(ー)ンデンス　　　　　　　ハイ　　　スクーる

専門学校
professional training school
プロふェショヌる　　　　　　トゥレイニンヶ　　　スクーる

短期大学
junior college
ヂューニャ　　　カ(ー)れッヂ

（単科）大学
college
カ(ー)れッヂ

大学
university
ユーニヴァ～スィティ

あいさつ

自己紹介

学校で

友達に

家で・家族と

おでかけ・旅行

北小学校に通っているよ。
アイ ゴウ トゥー キタ エレメンタリィ スクール
I go to Kita Elementary School.

だいがくいん
大学院
グラヂュエイト スクール
graduate school

インターナショナルスクール
インタァナショヌる スクール
international school

しりつ
私立の学校
プライヴェット スクール
private school

公立の学校
パブリック スクール
public school

きょうがくこう
共学校
コウエド スクール
coed school

男子校
ボイズ スクール
boys' school

女子校
ガ〜るズ スクール
girls' school

7 ‖ 4年生だよ

▶学年：順序を表す数

4年生だよ。

アイム　イン　ざ　　ふォーす　　グレイド
I'm in the fourth grade.

私も！
ミー　トゥー
Me, too!

ポイント
アイム　イン　ざ　　　グレイド
I'm in the ... grade. 「私は…年生です。」

アイム　イン　ざ
I'm in the 〜 黄色のカードを入れかえて
言ってみよう！ 〜 グレイド **grade**

□
学年

第1の
ふァ〜スト
first

第2の
セカンド
second

第3の
さ〜ド
third

第4の
ふォーす
fourth

第5の
ふィふす
fifth

第6の
スィックスす
sixth

→ p. 28「1〜20の数」

あいさつ

自己紹介

学校で

友達と

家で・家族と

おでかけ・旅行

8 サッカーをするよ

▶スポーツ

きみはどんなスポーツをするの？
（フ）ワット　スポート　ドゥー　ユー　プレイ
What sport do you play?

サッカーをするよ。
アイ　プレイ　サ（ー）カァ
I play soccer.

ポイント
アイ　プレイ
💡 I play .... 「私は…（スポーツ）をします。」

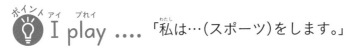

アイ　プレイ
I play ⌒ 黄色のカードを入れかえて
言ってみよう！

□ スポーツ

ドッジボール
ダ（ー）ッヂ　ボーる
○ dodge ball

バドミントン
バドミントゥン
○ badminton

野球
ベイスボーる
○ baseball

キックベースボール
キックボーる
○ kickball

バスケットボール
バスケットボーる
○ basketball

サッカー
サ(ー) カァ　　　　　　　　ふっトボーる
soccer, （英で）football

ソフトボール
ソ(ー)ふトボーる
softball

テニス
テニス
tennis

卓球
たっきゅう
テイブる　　　　テニス
table tennis

バレーボール
ヴァ(ー)リボーる
volleyball

ハンドボール
ハン(ド)ボーる
handball

ゴルフ
ゴ(ー)ルふ
golf

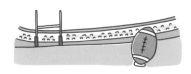

ラグビー
ラグビィ
rugby

アメリカンフットボール
アメリカン　　　　　　ふっトボーる
American football

ラクロス
らクロ(ー)ス
lacrosse

クリケット
クリケット
cricket

あいさつ

自己紹介

学校で

友達に

家で・家族と

おでかけ・旅行

サッカーをするよ。
I play soccer.
アイ　ブレイ　サ(ー)カァ

 のほかに

こんなふうにも言えるよ!

play を使わない種目

私はダンスをするよ。
I dance.
アイ　ダンス

私はなわとびをするよ。
I jump rope.
アイ　ヂャンプ　ロウプ

私はスケートをするよ。
I skate.
アイ　スケイト

私はスキーをするよ。
I ski.
アイ　スキー

私は泳ぐよ。
I swim.
アイ　スウィム

私はスノーボードをしに行くよ。
I go snowboarding.
アイ　ゴウ　スノウボーディング

私はフェンシングをするよ。
アイ　ドゥー　ふェンスィング
I do fencing.

私は体操をするよ。
アイ　ドゥー　ヂムナスティックス
I do gymnastics.

私は柔道をするよ。
アイ　ドゥー　ヂュードウ
I do judo.

私は剣道をするよ。
アイ　ドゥー　ケンドウ
I do kendo.

私はマラソンをするよ。
アイ　ドゥー　マラさ(ー)ンズ
I do marathons.

□ スポーツをしないとき

私はスポーツをしないよ。
アイ　ドゥント　プれイ　スポーツ
I don't play sports.

私はスポーツをするのが下手なんだ。
アイム　プア　アット　プれイング　スポーツ
I'm poor at playing sports.

私はスポーツをすることに興味がないよ。
アイム　ナ(ー)ット　インタレスティッド　イン　プれイング　スポーツ
I'm not interested in playing sports.

あいさつ

自己紹介

学校で

友達に

家で・家族と

おでかけ・旅行

オリンピック競技

アーチェリー
アーチェリィ
archery

ボクシング
バ(ー)クスィング
boxing

クロスカントリースキー
クロ(ー)スカントゥリィ　スキーイング
cross-country skiing

カーリング
カ〜リング
curling

自転車競技
サイクリング
cycling

フィギュアスケート
ふぃギャ　スケイティング
figure skating

アイスホッケー
ice hockey

新体操
rhythmic gymnastics

スノーボード
snowboarding

スキージャンプ
ski jumping

レスリング
wrestling

スピードスケート
speed skating

カーリングをやってみたいな。
I want to try curling.

9 ピアノがひけるよ

▶楽器

ピアノがひけるよ。
アイ キャン プレイ ざ ピアノウ
I can play the piano.

すごい！
グレイト
Great!

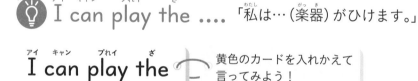

ポイント
アイ キャン プレイ ざ
I can play the .... 「私は…(楽器) がひけます。」

アイ キャン プレイ ざ
I can play the 黄色のカードを入れかえて
言ってみよう！

楽器

アコーディオン
アコーディオン
accordion*

カスタネット
キャスタネッツ
castanets

クラリネット
くらりねっと
clarinet

シンバル
スィンバルズ
cymbals

たいこ
ドゥラム
drum

フルート
ふるーと
flute

ギター
ギター
guitar

ハーモニカ
ハーマ(ー)ニカ
harmonica

けんばんハーモニカ
キーボード　　ハーマ(ー)ニカ
keyboard harmonica

オルガン
オーガン
organ*

トロンボーン
トゥラ(ー)ンボウン
trombone

リコーダー
リコーダァ
recorder

トライアングル
トゥライアングる
triangle

トランペット
トゥランペット
trumpet

バイオリン
ヴァイオリン
violin

木琴
もっきん
ザイろフォウン
xylophone

＊マークの単語の前のtheは［ずィ］と読みます。

 のほかに

こんなふうにも
言えるよ！

□ できないとき

私はピアノひくことができないよ。
わたし
アイ　　キャント　　プれイ　　ざ　　ピアノウ
I can't play the piano.

私はリコーダーを上手にふけないよ。
じょうず
アイ　　キャント　　プれイ　　ざ　　リコーダァ　　ウェる
I can't play the recorder well.

あいさつ

自己紹介

学校で

友達に

家で・家族と

おでかけ・旅行

10 歌が得意だよ
▶「〜すること」

歌が得意だよ。
I'm good at singing.
アイム グッド アット スィンギング

いいね。
Nice.
ナイス

ポイント アイム グッド アット
I'm good at .... 「私は…が得意です。」
わたし

アイム グッド アット
I'm good at 〜 黄色のカードを入れかえて言ってみよう！

〜ing

計算
キャるキュれイティング
calculating

料理
りょうり
クッキング
cooking

ダンス
ダンスィング
dancing

絵をかくこと
ドゥローイング
drawing

魚つり
ふィッシング
fishing

（絵の具で）かくこと
ペインティング
painting

テレビゲームをすること
プレイング　ヴィディオウ　ゲイムズ
playing video games

一輪車に乗ること
ライディング　ア　ユーニサイクル
riding a unicycle

走ること
ラニング
running

歌うこと
スィンギング
singing

スキーをすること
スキーイング
skiing

英語を話すこと
スピーキング　イングリッシ
speaking English

勉強すること
スタディング
studying

水泳
スウィミング
swimming

写真をとること
テイキング　ピクチャズ
taking pictures

➜ p.38「スポーツ」

 のほかに

こんなふうにも
言えるよ!

苦手なとき

私は歌うのが上手ではないよ。
アイム　ナ(ー)ット　グッド　アット　スィンギング
I'm not good at singing.

私は歌うのが下手だよ。
アイム　バッド　アット　スィンギング
I'm bad at singing.

11 | 赤色大好き

▶色

大好きな色は何？
（フ）ワット イズ ユア ふェイヴ（ァ）リット カラァ
What is your favorite color?

大好きな色は赤だよ。
マイ ふェイヴ（ァ）リット カラァ イズ
My favorite color is

レッド
red.

 ポイント
マイ ふェイヴ（ァ）リット カラァ イズ
My favorite color is ....

「私の大好きな色は
…です。」

マイ ふェイヴ（ァ）リット カラァ イズ
My favorite color is

黄色のカードを入れかえて
言ってみよう！

 色

黒
ブラック
black

青
ブるー
blue

茶色
ブラウン
brown

灰色
グレイ
gray

緑色
グリーン
green

水色
らイト ブるー
light blue

紺色
ネイヴィ ブルー
navy blue

オレンジ色
オ(ー)レンヂ
orange

ピンク色
ピンク
pink

紫色
パ〜プる
purple

赤
レッド
red

白
(フ)ワイト
white

黄色
イェろウ
yellow

黄緑色
イェろウ グリーン
yellow green

ベージュ
ベイヂ
beige

ブロンズ色
ブラ(ー)ンズ
bronze

金色
ゴウるド
gold

ぞうげ色
アイヴ(ォ)りィ
ivory

オリーブ色
ア(ー)りヴ
olive

銀色
スィるヴァ
silver

あいさつ

自己紹介

学校で

友達に

家で・家族と

おでかけ・旅行

日本では「七色の虹」と言うけれど，これは世界共通ではない。アメリカでは6色，ドイツでは5色と言うよ。

▶ あいまいな色の言い方
はっきり名前をつけにくい色はこんなふうに言えるよ

赤っぽい色
レディッシ　カラァ
reddish color

青っぽい色
ブルーイッシ　カラァ
bluish color

黄色っぽい色
イェロウイッシ　カラァ
yellowish color

緑っぽい色
グリーニッシ　カラァ
greenish color

白っぽい色
(フ)ワイティッシ　カラァ
whitish color

黒っぽい色
ブラッキッシ　カラァ
blackish color

うすい色
らイト　カラァ
light color

こい色
ダーク　カラァ
dark color

うすいピンク
らイト　ピンク
light pink

こい青
ダーク　ブルー
dark blue

暖色
ウォーム　カラァ
warm color

寒色
クーる　カラァ
cool color

12 | 春が好き
▶季節

どの季節が好き？
Which season do you like?
（フ）ウィッチ　スィーズン　ドゥー　ユー　らイク

春が好きだよ。
I like spring.
アイ　らイク　　スプリング

ポイント **I like ....** 「私は…が好きです。」
アイ　らイク

I like ～ 黄色のカードを入れかえて
アイ　らイク　　言ってみよう！

季節

| 春
spring
スプリング | 夏
summer
サマァ |

秋
（米で）**fall,**（主に英で）**autumn**
ふぉーる　　　　　　　　　　オータム

冬
winter
ウィンタァ

➡ p.110「学校行事」

あいさつ｜自己紹介｜学校で｜友達に｜家で・家族と｜おでかけ・旅行

春が好きだよ。

I like spring.
アイ　らイク　スプリンッ

季節の言い方

○ 春の初め
　early spring
　ア～りィ　スプリンッ

○ 春の終わり
　late spring
　れイト　スプリンッ

○ 夏の初め
　early summer
　ア～りィ　サマァ

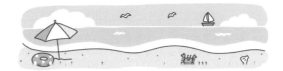

○ 真夏
　the middle of summer
　ざ　ミドゥる　アヴ　サマァ

○ 夏の終わり
　late summer
　れイト　サマァ

○ 秋の初め
　early fall[autumn]
　ア～りィ　ふォーる　オータム

秋の終わり
れイト　ふォーる　オータム
late fall [autumn]

冬の初め
ア〜リィ　　ウィンタァ
early winter

真冬
ざ　ミドゥる　アヴ　ウィンタァ
the middle of winter

桜の季節
ざ　　チェリィ　　ブら(ー)サム　　スィーズン
the cherry blossom season

梅雨
ざ　レイニイ　スィーズン
the rainy season

紅葉の季節
ざ　　スィーズン　アヴ　オータム　リーヴズ
the season of autumn leaves

あいさつ

自己紹介

学校で

友達に

家で・家族と

おでかけ・旅行

春が好きだよ。

アイ　らイク　スプリング
I like spring.

▶ 季節の行事

季節の行事も I like .... と言うことができるよ

元日

ヌー　　イアズ　　デイ
New Year's Day

あけましておめでとうございます。

ハピィ　　ヌー　　イア
Happy New Year.

豆まき

ビーン　すロウイング
bean throwing

鬼は外！　福は内！

ディーモンズ　アウト　ふォーチュン　イン
Demons out! Fortune in!

バレンタインデー

ヴァれンタインズ　デイ
Valentine's Day

ひな祭り

ダ(ー)るズ　ふェスティヴァる
Dolls' Festival

イースター

イースタァ
Easter

こどもの日
チるドゥレンズ　デイ
Children's Day

七夕
スター　フェスティヴァる
Star Festival

花火大会
ふァイアワ〜クス　ディスプれイ
fireworks display

ハロウィーン
ハろウィーン
Halloween

ハッピーハロウィーン。
ハピィ　ハろウィーン
Happy Halloween.

お菓子をくれなきゃいたずらするぞ！
トゥリック　オー　トゥリート
Trick or treat!

クリスマス
クリスマス
Christmas

メリークリスマス。
メリィ　クリスマス
Merry Christmas.

あいさつ

自己紹介

学校で

友達に

家で・家族と

おでかけ・旅行

13 誕生日はいつ？

▶月名・日にち：順序を表す数

誕生日はいつ？
（フ）ウェン　イズ　ユア　バ～すデイ
When is your birthday?

私の誕生日は3月24日だよ。
マイ　　　バ～すデイ　　イズ
My birthday is
マーチ　　　トゥウェンティ　　ふぉーす
March twenty-fourth.

ポイント
マイ　　　　　バ～すデイ　　　イズ
My birthday is .... 「私の誕生日は…です。」

マイ　　　バ～すデイ　　イズ
My birthday is

黄色のカードを
入れかえて
言ってみよう！

トゥウェンティ　　ふぉーす
twenty-fourth

□ 月名

1月
ヂャニュエリィ
January

2月
ふェビュエリィ
February

3月
マーチ
March

4月
エイプリる
April

5月
メイ
May

6月
ヂューン
June

7月
デュライ
July

8月
オーガスト
August

9月
セプテンバァ
September

10月
ア(ー)クトウバァ
October

11月
ノウヴェンバァ
November

12月
ディセンバァ
December

→ p.51「季節」

▶ 今度は「日にち」を入れかえてみよう

私の誕生日は3月24日だよ。
マイ バ〜すデイ イズ マーチ トゥウェンティ ふォーす
My birthday is March twenty-fourth.

マイ バ〜すデイ イズ マーチ
My birthday is March

黄色のカードを入れかえて
言ってみよう！

□ 日にち

1日
ふァ〜スト
first

2日
セカンド
second

3日
さ〜ド
third

4日
ふォーす
fourth

あいさつ

自己紹介

学校で

友達に

家で・家族と

おでかけ・旅行

私の誕生日は3月24日だよ。
My birthday is March twenty-fourth.

5日
ふぃふす
fifth

6日
スィックスす
sixth

7日
セヴンす
seventh

8日
エイす
eighth

9日
ナインす
ninth

10日
テンす
tenth

11日
イれヴンす
eleventh

12日
トゥウェるふす
twelfth

13日
さ～ティーンす
thirteenth

14日
ふォーティーンす
fourteenth

15日
ふぃふティーンす
fifteenth

16日
スィクスティーンす
sixteenth

17日
セヴンティーンす
seventeenth

18日
エイティーンす
eighteenth

19日
ナインティーンす
nineteenth

20日
トゥウェンティエす
twentieth

21日
トゥウェンティ ふぁ〜スト
twenty-first

22日
トゥウェンティ セカンド
twenty-second

23日
トゥウェンティ さ〜ド
twenty-third

24日
トゥウェンティ ふぉ〜す
twenty-fourth

25日
トゥウェンティ ふぃふす
twenty-fifth

26日
トゥウェンティ スィックスす
twenty-sixth

27日
トゥウェンティ セヴンす
twenty-seventh

28日
トゥウェンティ エイす
twenty-eighth

29日
トゥウェンティ ナインす
twenty-ninth

30日
さ〜ティエす
thirtieth

31日
さ〜ティ ふぁ〜スト
thirty-first

➡ p.37「学年」

あいさつ / 自己紹介 / 学校で / 友達に / 家で・家族と / おでかけ・旅行

▶ 今日は何月何日か言いたいとき

今日の日づけも誕生日と同じように言うよ

今日は何月何日？
(フ)ワッツ ざ デイト トゥデイ
What's the date today?

12月3日だよ。
イッツ ディセンバァ さ～ド
It's December third.

12 December

Sun	Mon	Tue	Wed	Thu	Fri	Sat
			1st ふぁ～スト first	**2**nd セカンド second	**3**rd さ～ド third	**4**th ふぉ～す fourth
5th ふぃふす fifth	**6**th スィックスす sixth	**7**th セヴンす seventh	**8**th エイす eighth	**9**th ナインす ninth	**10**th テンす tenth	**11**th いれヴンす eleventh
12th トゥうぇるふす twelfth	**13**th さ～ティーンす thirteenth	**14**th ふぉ～ティーンす fourteenth	**15**th ふぃふティーンす fifteenth	**16**th スィクスティーンす sixteenth	**17**th セヴンティーンす seventeenth	**18**th エイティーンす eighteenth
19th ナインティーンす nineteenth	**20**th トゥウェンティエす twentieth	**21**st トゥウェンティ twenty- ふぁ～スト first	**22**nd トゥウェンティ twenty- セカンド second	**23**rd トゥウェンティ twenty- さ～ド third	**24**th トゥウェンティ twenty- ふぉ～す fourth	**25**th トゥウェンティ twenty- ふぃふす fifth
26th トゥウェンティ twenty- スィックスす sixth	**27**th トゥウェンティ twenty- セヴンす seventh	**28**th トゥウェンティ twenty- エイす eighth	**29**th トゥウェンティ twenty- ナインす ninth	**30**th さ～ティエす thirtieth	**31**st さ～ティふぁ～スト thirty-first	

14 かばんがほしいな

▶身の回りのもの

次の誕生日に何がほしい？

(フ)ワット ドゥー ユー ワ(ー)ント ふォー ユア ネクスト バ〜すデイ
What do you want for your next birthday?

かばんがほしいな。

アイ ワ(ー)ント ア バッグ
I want a bag.

ポイント アイ ワ(ー)ント ア
I want a .... 「私は…がほしいです。」

アイ ワ(ー)ント ア
I want a

黄色のカードを入れかえて
言ってみよう！

□身の回りのもの

ボール
ボーる
ball

バット
バット
bat

本
ブック
book

カメラ
キャメラ
camera

CD
スィーディー
CD

あいさつ
自己紹介
学校で
友達に
家で・家族と
おでかけ・旅行

かばんがほしいな。
I want a bag.
アイ　ワ(ー)ント　ア　バッグ

まんが本
カ(ー)ミック　ブック
comic book

コンピューター
コンピュータァ
computer

人形
ダ(ー)る
doll

DVD
ディーヴィーディー
DVD

イヤホン　※aはつけません。
イアふォウンズ
earphones

ゲーム
ゲイム
game

(野球の)グローブ
ベイスボーる　グらヴ
baseball glove

ヘアゴム
ヘア　タイ
hair tie

キーホルダー
キー　リング
key ring

雑誌
マガズィーン
magazine

メイクセット
メイカップ　セット
make-up set

ノート
ノウトブック
notebook

ラケット
ラケット
racket

スマートフォン
スマートふォウン
smartphone

かさ ※aがanになります。
アンブレら
umbrella

腕^{うで}時計
ワ(ー)ッチ
watch

→ p.71「動物（ペット）」, p.96「文ぼう具」, p.206「服」

のほかに

こんなふうにも
言えるよ！

はっきり決^きまっていないとき

何でもいいよ。
エニすィング　　イズ　オウケイ
Anything is OK.

決められないな。
アイ　　キャント　　ディサイド
I can't decide.

わからないよ。
アイ　　ドゥント　　ノウ
I don't know.

それについて考えてみるね。
アイる　　すィンク　　アバウト　　イット
I'll think about it.

私^{わたし}は何^{なに}か役^{やく}に立^たつものがほしいな。
アイ　ワ(ー)ント　　　サムすィング　　　　　ユースふる
I want something useful.

あなたの好^すきなものなら何でもいいよ。
(フ)ワッテヴァ　　　　ユー　　らイク
Whatever you like.

かばんがほしいな。
（アイ ワ（ー）ント ア バッグ）
I want a bag.

あなたが決めてもいいよ。
（ユー キャン ディサイド）
You can decide.

_____ のほかに こんなふうにも言えるよ！

□ もっと具体的に言うとき

私はかっこいいテニスラケットがほしいな。
（アイ ワ（ー）ント ア クーる テニス ラケット）
I want a cool tennis racket.

私は魚の図鑑がほしいな。
（アイ ワ（ー）ント ア ピクチャ ブック アバウト ふィッシ）
I want a picture book about fish.

私はピンクの自転車がほしいな。
（アイ ワ（ー）ント ア ピンク バイク）
I want a pink bike.

私はたくさんのまんが本がほしいな。
（アイ ワ（ー）ント メニィ カ（ー）ミック ブックス）
I want many comic books.

15 ┃ ぼくのお父さんだよ

▶家族・親せき

これがぼくのお父さんだよ。
ずィス　イズ　マイ　ふァーザァ
This is my father.

わあ！
ワウ
Wow!

ポイント
💡 ずィス　イズ　マイ
This is my .... 「こちらは私の…です。」

ずィス　イズ　マイ
This is my

黄色のカードを入れかえて
言ってみよう！

□
家族・親せき

父
ふァーザァ
○ **father**

お父さん
ダッド
○ **dad**

母
マザァ
○ **mother**

お母さん
マ(ー)ム
○ **mom**

親
ペ(ア)レント
○ **parent**

家族
ふァミリィ
○ **family**

あいさつ

自己紹介

学校で

友達に

家で・家族と

おでかけ・旅行

これがぼくのお父さんだよ。
ずィス イズ マイ ふァーザァ
This is my father.

兄, 弟
ブラザァ
brother

姉, 妹
スィスタァ
sister

祖父
グラン(ド)ふァーザァ
grandfather

おじいちゃん
グラン(ド)パー
grandpa

祖母
グラン(ド)マざァ
grandmother

おばあちゃん
グラン(ド)マー
grandma

おじ
アンクる
uncle

おば
アント
aunt

いとこ
カズン
cousin

孫
グラン(ド)チャイるド
grandchild

息子
サン
son

むすめ
ドータァ
daughter

夫
ハズバンド
husband

妻
ワイふ
wife

▶ 家族について言いたいとき

家族のことをこんなふうに言えるよ

私には弟がいるよ。

アイ ハヴ ア ヤンガァ ブラザァ
I have a younger brother.

私には姉がいるよ。

アイ ハヴ アン オウるダァ エるダァ スィスタァ
I have an older[elder] sister.

私はふたごのきょうだいがいるよ。

アイ ハヴ ア トゥウィン ブラザァ スィスタァ
I have a twin brother[sister].

私には兄［弟］が1人，姉［妹］が1人いるよ。

アイ ハヴ ワン ブラザァ アンド ワン スィスタァ
I have one brother and one sister.

私には兄［弟］が2人いるよ。

アイ ハヴ トゥー ブラザァズ
I have two brothers.

私にはきょうだいがいないんだ。

アイ ハヴ ノウ ブラザァズ オー スィスタァズ
I have no brothers or sisters.

私は一人っ子だよ。

アイ アム アン オウンリィ チャイるド
I am an only child.

あいさつ

自己紹介

学校で

友達に

家で・家族と

おでかけ・旅行

私は3人の子どもの中でいちばん年上だよ。

アイ　アム　ずィ　　オウるデスト　アヴ　　スリー　　　チるドゥレン
I am the oldest of three children.

私は3人の子どもの真ん中だよ。

アイ　アム　ざ　　ミドゥる　　アヴ　　スリー　　　チるドゥレン
I am the middle of three children.

私は2番目だよ。

アイ　アム　ざ　　セカンド　　オウるデスト
I am the second oldest.

私は3人の子どもの中でいちばん年下だよ。

アイ　アム　ざ　　ヤンギスト　　　アヴ　　スリー　　　チるドゥレン
I am the youngest of three children.

私は母，父，兄といっしょに住んでいるよ。

アイ　リヴ　ウィず　マイ　　マざァ　　　ふァーざァ　アンド　オウるダァ　ブラざァ
I live with my mother, father and older brother.

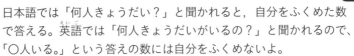

日本語では「何人きょうだい？」と聞かれると，自分をふくめた数
で答える。英語では「何人きょうだいがいるの？」と聞かれるので、
「〇人いる。」という答えの数には自分をふくめないよ。

16 | かれは優しいよ

▶性格

かれは優しいよ。
He is kind.

いいね。
Good.

💡ポイント **He is ....** 「かれは…です。」
She is .... 「かのじょは…です。」

He is 黄色のカードを入れかえて言ってみよう！

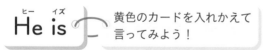

□ 性格

積極的な
アクティヴ
active

いばりちらす
ボ(ー)スィ
bossy

勇気がある
ブレイヴ
brave

明るい
チアふる
cheerful

あいさつ

自己紹介

学校で

友達に

家で・家族と

おでかけ・旅行

かれは優しいよ。
ヒー　イズ　カインド
He is kind.

好奇心の強い
キュ(ア)リアス
curious

かわいい
キュート　　プリティ
cute, pretty

友好的な
ふレンドリィ
friendly

おもしろい
ふァニィ　　ヒューモラス
funny, humorous

優しい
ヂェントゥる　カインド
gentle, kind

すてきな
ワンダふる
wonderful

完全な
パ〜ふェクト
perfect

礼儀正しい
ポライト
polite

意地の悪い
ミーン
mean

自分勝手な
せるふィッシ
selfish

おとなしい
クワイエット
quiet

おしゃべりな
トーカティヴ
talkative

おく病な
ティミッド
timid

はずかしがりの
シャイ
shy

➡ p.16「調子・体調」, p.17「状態」, p.20「気持ち」

17 犬を飼っているよ

▶動物：ペット

何かペットを飼っている？
ドゥー ユー ハヴ エニイ ペッツ
Do you have any pets?

うん，犬を飼っているよ。
イェス アイ ドゥー
Yes, I do.
アイ ハヴ ア ド(ー)グ
I have a dog.

ポイント アイ ハヴ ア
💡 **I have a ....** 「私は…を飼っています。」

アイ ハヴ ア
I have a 黄色のカードを入れかえて言ってみよう！

動物（ペット）

鳥
バ～ド
bird

ネコ
キャット
cat

犬
ド(ー)グ
dog

魚
ふィッシ
fish

金魚
ゴウるどふィッシ
goldfish

ハムスター
ハムスタァ
hamster

犬を飼っているよ。
アイ ハヴ ア ド(ー)グ
I have a dog.

ハリネズミ
ヘッヂホーグ
hedgehog

ネズミ
マウス
mouse

ウサギ
ラビット
rabbit

リス
スクワ〜れる
squirrel

熱帯魚
トゥラ(ー)ピカる ふぃッシ
tropical fish

カメ
タ〜トゥる
turtle

のほかに

こんなふうにも
言えるよ!

ペットがいないとき

私はペットを飼っていないよ。
アイ ドウント ハヴ エニィ ペッツ
I don't have any pets.

私は飼っていないけど，ほしいんだ。
アイ ドウント ハヴ エニィ バット アイ ワ(ー)ント ワン
I don't have any but I want one.

私たちのマンションではペットを飼えないんだ。
ウィー キャント ハヴ ペッツ イン アウア アパートメント
We can't have pets in our apartment.

18 | 歌手になりたいな

▶職業（しょくぎょう）

あいさつ

自己紹介

学校で

友達に

家で・家族と

おでかけ・旅行

将来（しょうらい），何になりたい？
（フ）ワット ドゥー ユー ワ（ー）ント トゥー ビー イン ざ フューチャ
What do you want to be in the future?

歌手になりたいな。
アイ ワ（ー）ント トゥー ビー ア
I want to be a
スィンガァ
singer.

ポイント
アイ ワ（ー）ント トゥー ビー ア
I want to be a .... 「私（わたし）は…になりたいです。」

アイ ワ（ー）ント トゥー ビー ア
I want to be a 黄色のカードを入れかえて言ってみよう！

職業（しょくぎょう）

画家
アーティスト
artist ※aがanになります。

パン職人（しょくにん）
ベイカァ
baker

野球選手（やきゅうせんしゅ）
ベイスボール プレイア
baseball player

バス運転手（うんてんしゅ）
バス ドゥライヴァ
bus driver

大工（だいく）
カーペンタァ
carpenter

歌手になりたいな。
アイ　ワ(ー)ント　トゥー　ビー　ア　スィンガァ
I want to be a singer.

シェフ
シェふ
chef

お笑い芸人
コミーディアン
comedian

歯医者
デンティスト
dentist

医者
ダ(ー)クタァ
doctor

農場経営者
ふァーマァ
farmer

消防士
ふァイアふァイタァ
firefighter

花屋
ふろ(ー)リスト
florist

美容師
ヘアドゥレサァ
hairdresser

ジャーナリスト
ヂャ〜ナリスト
journalist

ファッションモデル
マ(ー)ドゥる
model

音楽家
ミュズィシャン
musician

看護師
ナ〜ス
nurse

保育士
ナ〜サリィ　　　スクーる　　　ティーチャ
nursery school teacher

会社員
カンパニィ　インプロイイー
company employee

パティシエ
ペイストリィ　シェふ
pastry chef

写真家
ふォタ(ー)グラふァ
photographer

ピアニスト
ピアニスト
pianist

警察官
ポリース　ア(ー)ふィサァ
police officer

プログラマー
プロウグラマァ
programmer

公務員
パブリック　サ〜ヴィス　ワ〜カァ
public service worker

店員
セイるズクら〜ク
salesclerk

科学者
サイエンティスト
scientist

俳優　※aがanになります。
アクタァ
actor

先生
ティーチャ
teacher

獣医
ヴェット
vet

ユーチューバー
ユーテューバー
YouTuber

動物園の飼育係
ズーキーパァ
zookeeper

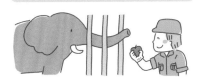

歌手になりたいな。
アイ　ワ(ー)ント　トゥー　ビー　ア　スィンガァ
I want to be a singer.

英語を使う職業

宇宙飛行士
アストゥロノート
astronaut ※aがanになります。

デザイナー
ディザイナァ
designer

技師　※aがanになります。
エンヂニア
engineer

英語の先生
イングリッシ　　　ティーチャ
English teacher ※aがanになります。

客室乗務員
ふらイト　　　アテンダント
flight attendant

ゲームクリエイター
ゲイム　　　ディヴェろパァ
game developer

ホテルの従業員
ホウテる　　　ワ〜カァ
hotel worker

通訳者　※aがanになります。
インタ〜プリタァ
interpreter

パイロット
パイろット
pilot

秘書
セクレテリィ
secretary

ツアーコンダクター
トゥア　　　コンダクタァ
tour conductor

翻訳家
トゥランスれイタァ
translator

_____ のほかに

こんなふうにも言えるよ!

□ 職業ではないことを言いたいとき

まだわからないよ。
アイ ドウント ノウ イェット
I don't know yet.

私は優しいお母さんになりたいな。
アイ ワ(ー)ント トゥー ビー ア カインド マザァ
I want to be a kind mother.

私は父のようになりたいな。
アイ ワ(ー)ント トゥー ビー らイク マイ ふァーザァ
I want to be like my father.

私はお金持ちになりたいな。
アイ ワ(ー)ント トゥー ビー リッチ
I want to be rich.

私は家事の専門家になりたいな。
アイ ワ(ー)ント トゥー ビー ア スペシャリスト イン ハウスキーピング
I want to be a specialist in housekeeping.

私は有名になりたいな。
アイ ワ(ー)ント トゥー ビー ふェイマス
I want to be famous.

私は芸能界に入りたいな。
アイ ワ(ー)ント トゥー ビー イン ショウ ビズネス
I want to be in show business.

歌手になりたいな。
<ruby>I<rt>アイ</rt></ruby> <ruby>want<rt>ワ(ー)ント</rt></ruby> <ruby>to<rt>トゥー</rt></ruby> <ruby>be<rt>ビー</rt></ruby> <ruby>a<rt>ア</rt></ruby> <ruby>singer<rt>スィンガァ</rt></ruby>.
I want to be a singer.

私はお金をたくさんかせぎたいな。
アイ ワ(ー)ント トゥー ゲット ア ら(ー)ット アヴ マニィ
I want to get a lot of money.

私は人を助けたいな。
アイ ワ(ー)ント トゥー へるプ ピープる
I want to help people.

私はよい製品を作りたいな。
アイ ワ(ー)ント トゥー メイク グッド プラ(ー)ダクツ
I want to make good products.

私は仕事で英語を使いたいな。
アイ ワ(ー)ント トゥー ユーズ イングリッシ アット ワ～ク
I want to use English at work.

私は外国で働きたいな。
アイ ワ(ー)ント トゥー ワ～ク アブロード
I want to work abroad.

私は一生懸命働きたいな。
アイ ワ(ー)ント トゥー ワ～ク ハード
I want to work hard.

▶ はげましの表現

未来に向かってがんばる友達、かべにぶつかってへこんでいる友達はこんなふうにはげましてみよう

幸運をいのる。
Good luck.

あなたならできるよ。
You can do it.

その調子でがんばって。
Keep it up.

全力をつくして。
Do your best.

決してあきらめないで。
Never give up.

前向きにいこう。
Be positive.

あいさつ

自己紹介

学校で

友達に

家で・家族と

おでかけ・旅行

学校で
コレが言いたい！

Ding dong ♪

（フ）ワッツ　フォー　ランチ　トゥデイ
What's for lunch today?
（今日のお昼ご飯は何？）

えっと，
カレー…だよ

とってもおいしいよ！
グッド，グッド！

イッツ　カ〜リィ　アンド　ライス
It's curry and rice!
（カレーライスだね！）

ここには学校で使える表現が集めてあるよ。
はさみを忘れちゃった，貸してくれる？
今日の給食はカレーだ！運動会が楽しみ！
言いたいことを見つけよう。

図書室

ずィス イズ ざ らイブレリィ
This is the library.
（ここは図書室よ。）

職員室

ティーチャズ ルーム
Teachers' room.
（職員室。）

ハイ
Hi!
（こんにちは！）

へろウ
Hello!
（こんにちは！）

ウィー ハヴ イングリッシ トゥデイ ライト
We have English today, right?
（今日は英語がありますよね。）

イェス
Yes!
（そうだね！）

19 | 学校で使う表現

□ 授業の始まり

起立
Stand up.

礼
Bow.

着席
Sit down.

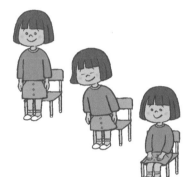

準備はできましたか。
Are you ready?

はい，準備できています。
Yes, I'm ready.

いいえ，まだです。待ってください。
No, not yet. Please wait.

■

先
生
の
指
示

教科書の10ページを開きなさい。
オウプン　ユア　テクストブック　トゥー　ペイヂ　テン
Open your textbook to page ten.

最初の行を読んでください。
プリーズ　リード　ざ　ふぁ～スト　らイン
Please read the first line.

1番をやってみなさい。
トゥライ　ナンバァ　ワン
Try number one.

もう一度やってみなさい。
トゥライ　アゲン
Try again.

手を挙げなさい。
レイズ　ユア　ハンド
Raise your hand.

CDを聞きなさい。
リスン　トゥー　ざ　スィーディー
Listen to the CD.

ペアになりなさい。
メイク　ペアズ
Make pairs.

私のあとについて言いなさい。
リピート　あふたァ　ミー
Repeat after me.

教科書を閉じなさい。
クロウズ　ユア　テクストブック
Close your textbook.

あいさつ

自己紹介

学校で

友達に

家で・家族と

おでかけ・旅行

先生の問いかけ

質問はありますか。
ドゥー ユー ハヴ エニィ クウェスチョンズ
Do you have any questions?

わかりますか。
ドゥー ユー アンダスタンド
Do you understand?

だれかやってくれる人はいますか。
エニィ ヴァ(ー)らンティアズ
Any volunteers?

次はだれですか。
フーズ ネクスト
Who's next?

もう一度言ってくれますか。
キャン ユー セイ ざット アゲン
Can you say that again?

もっと大きな声で話せますか。
キャン ユー スピーク らウダァ
Can you speak louder?

終わりましたか。
アー ユー ダン
Are you done?

まちがえてもかまいません。
イッツ オウケイ トゥー メイク ミステイクス
It's OK to make mistakes.

□ 注意

姿勢を正しなさい。
スィット　アップ　ストゥレイト
Sit up straight.

こちらを見なさい。
ルック　アット　ミー
Look at me.

静かにしなさい。
ビー　クワイエット
Be quiet.

□ ほめことば

よくできました！
グッド　ヂャ(一)ップ
Good job!

すばらしい！
ワンダふる
Wonderful!

いい考えですね！
グッド　アイディ(一)ア
Good idea!

その方がいいですね。
ザッツ　ベタァ
That's better.

今日はここまでです。
ザッツ　オーる　ふォー　トゥデイ
That's all for today.

あいさつ

自己紹介

学校で

友達に

家で・家族と

おでかけ・旅行

教室にあるもの

時計
クら(ー)ック
clock

電子黒板
イれクトゥラ(ー)ニック　　　ブラックボード
electronic blackboard

地図
マップ
map

教たく
ティーチャズ　　　　　デスク
teacher's desk

タブレット
タブれット
tablet

地球儀
グろウブ
globe

黒板
こくばん
ブラックボード
blackboard

時間割
じかんわり
スケデュール
schedule

	月	火	水	木	金
1	国語	体育	国語	英語	総合
2	英語	国語	社会	算数	体育
3	社会	算数	算数	国語	社会
4	算数	理科	理科	道徳	国語
5	理科	図工	書写	家庭	算数
6	音楽	図工		委／ク	音楽

時間割

6月17日(木)

チョーク
チョーク
chalk

黒板消し
けし
ブラックボード　イレイサァ
blackboard eraser

辞書
じしょ
ディクショネリィ
dictionary

英語辞

教科書
テクストブック
textbook

ENGLISH

机
つくえ
デスク
desk

いす
チェア
chair

今日は英語が あるよね

▶教科・委員会

今日は英語があるよね。
ウィー ハヴ イングリッシ トゥデイ ライト
We have English today, right?

うん，2時間目にあるよ。
イェス ウィー ハヴ イットイン
Yes, we have it in
ざ セカンド ピ(ア)リオッド
the second period.

ポイント
ウィー ハヴ トゥデイ
We have ... today. 「今日は…(教科)があります。」

ウィー ハヴ
We have

黄色のカードを入れかえて
言ってみよう！

トゥデイ
today

□ 教科

図画工作
アーツ アンド クラフツ
arts and crafts

書写
カリグラふぃ
calligraphy

家庭科
ホウム イーコナ(ー)ミックス
home economics

国語
ヂャパニーズ
Japanese

算数
マす
math

道徳
モ(ー)らる エヂュケイション
moral education

音楽
ミューズィック
music

体育
ピーイー
P.E.

理科
サイエンス
science

社会科
ソウシャる スタディズ
social studies

□ そのほかの授業

調理実習
ア クッキング クらス
a cooking class

学級活動
クラース アクティヴィティズ
class activities

理科の実験
ア サイエンス イクスペリメント
a science experiment

水泳の授業
ア スウィミング れスン
a swimming lesson

□ 委員会

児童会
ステューデント カウンス(ィ)る
student council

美化委員会
クリーン アップ コミッティ
clean-up committee

あいさつ

自己紹介

学校で

友達に

家で・家族と

おでかけ・旅行

今日は英語があるよ。
We have English today.

きょう えい ご
ウィー ハヴ イングリッシ トゥデイ

図書委員会
い いん かい
らイブレリィ　　　　コミッティ
library committee

風紀委員会
ふう き
ディスィプリナリィ　　　コミッティ
disciplinary committee

保健委員会
ほ けん
へるす　　コミッティ
health committee

放送委員会
ほう そう
ブロードキャスティンヶ　　　　コミッティ
broadcasting committee

園芸委員会
えん げい
カるティヴェイション　　　コミッティ
cultivation committee

飼育委員会
し いく
アニマる　　レイズィンヶ　　　コミッティ
animal raising committee

体育委員会
たい いく
ビーイー　　コミッティ
P.E. committee

21 今日は何曜日？

▶曜日

今日は何曜日？
(フ)ワット デイ イズ イット トゥデイ
What day is it today?

月曜日だよ。
イッツ マンデイ
It's Monday.

ポイント

イッツ
It's .... 「今日は…曜日です。」

イッツ
It's ⌒ 黄色のカードを入れかえて
言ってみよう！

曜日

火曜日
テューズデイ
Tuesday

水曜日
ウェンズデイ
Wednesday

木曜日
さ〜ズデイ
Thursday

金曜日
ふライデイ
Friday

土曜日
サタデイ
Saturday

日曜日
サンデイ
Sunday

あいさつ

自己紹介

学校で

友達に

家で・家族と

おでかけ・旅行

22 | 自転車で行くよ

▶乗り物

どうやって学校に来ているのですか？

ハウ ドゥー ユー カム トゥー スクーる
How do you come to school?

自転車で。

バイ バイク
By bike.

ポイント バイ
By .... 「…で，…によって」。交通手段を表すよ。

バイ
By 黄色のカードを入れかえて
言ってみよう！

乗り物

自転車

バイスィクる バイク
bicycle, bike

バス

バス
bus

モノレール

マ(ー)ノレイる
monorail

地下鉄

サブウェイ
subway

路面電車

ストゥリートカー
streetcar

電車

トゥレイン
train

こんなふうにも言えるよ！

のほかに

ほかの言い方

歩いて行きます。
ア(ー)ン　ふット
On foot.

東西線で行きます。
ア(ー)ン　ざ　トーザイ　らイン
On the Tozai line.

今日は母が車で送ってくれました。
マイ　マざァ　ドゥロウヴ　ミー　トゥデイ
My mother drove me today.

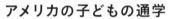

アメリカの子どもの通学

　アメリカでは多くの子どもたちが、スクールバスを使って通学しています。映画やドラマに登場するような黄色いスクールバスが家の近くまで来てくれ、帰りも同じバス停まで送ってくれます。

　また、お父さんやお母さんが自家用車で学校まで送り迎えをすることも多いのです。

　学校が家から近ければ徒歩で通うこともあります。その場合でも、小さな子どもは親が送り迎えをします。

　高校生になると自分で学校まで運転していく生徒もいます。住んでいる州によって違いますが、大体16歳になると運転免許がとれるのです。やはりアメリカは「車社会」ですね。

あいさつ

自己紹介

学校で

友達に

家で・家族と

おでかけ・旅行

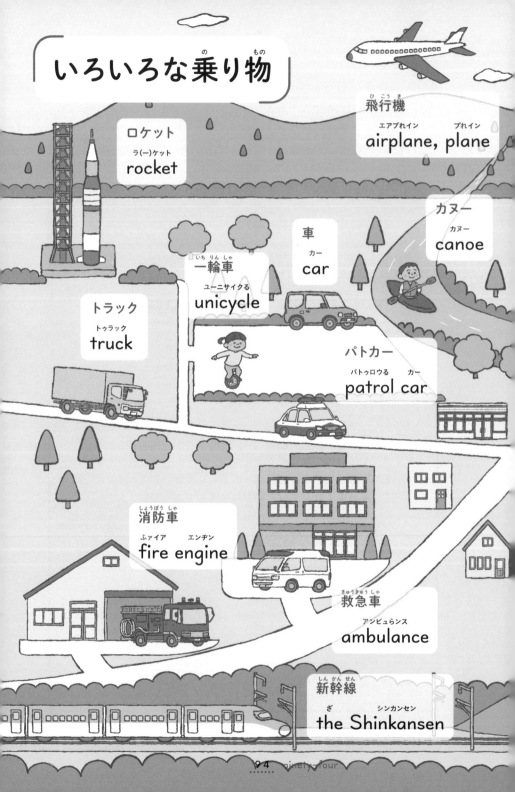

ヘリコプター
ヘリカ(ー)プタァ
helicopter

ロープウェー
ロウプウェイ
ropeway

タクシー
タクスィ
taxi

オートバイ
モウタァサイクる
motorcycle

船
シップ
ship

ボート
ボウト
boat

ヨット
ヤ(ー)ット
yacht

潜水艦
せん すい かん
サブマリーン
submarine

あのヘリコプターを見て！
るック　アット　ザット　ヘリカ(ー)プタァ
Look at that helicopter!

23 | 定規を忘れちゃった

▶文ぼう具

定規を忘れちゃった。
きみのを使ってもいい?
I forgot my ruler.
Can I use yours?

もちろんいいよ。
Of course.

ポイント I forgot my .... 「私は…を忘れました。」

I forgot my

黄色のカードを入れかえて
言ってみよう!

文ぼう具

習字セット
calligraphy set

色えん筆
colored pencil

コンパス
compasses

クレヨン
crayon

消しゴム
eraser

スティックのり
glue stick

蛍光ペン
ハイらイタァ
highlighter

シャープペンシル
メキャニカる　　ペンスる
mechanical pencil

ノート
ノウトブック
notebook

絵の具セット
ペイント　　セット
paint set

筆
ブラッシ
brush

パレット
パれット
palette

ペン
ペン
pen

えん筆
ペンスる
pencil

筆箱
ペンスる　　　　ケイス
pencil case

えん筆けずり
ペンスる　　　シャープナァ
pencil sharpener

分度器
プロウトゥラクタァ
protractor

はさみ
スィザーズ
scissors

裁縫道具
ソウイング　　キット
sewing kit

ホチキス
ステイプらァ
stapler

三角定規
トゥライアングる
triangle

下じき
ライティング　　マット
writing mat

→ p.48 「色」, p.206 「服」, p.209 「身につけるもの」

24 ぼくのかばんは どこ？

▶場所を表すことば

ぼくのかばんはどこ？
(フ)ウェア　イズ　マイ　バッグ
Where is my bag?

机の上にあるよ。
イッツ　ア(ー)ン　ざ　デスク
It's on the desk.

💡 **ポイント** イッツ
It's .... 「それは…にあります。」

イッツ
It's 〜 黄色のカードを入れかえて 言ってみよう！ 〜 ざ デスク **the desk**

場所を表すことば

…の上（の方）に
アバヴ
above

…のそばに
ビサイド
beside

…のそばに
バイ
by

…の近くに
ニア
near

…の上に
ア(ー)ン
on

…の下に
アンダァ
under

英語

 のほかに

こんなふうにも
言えるよ！

ほかの言い方

それはテーブルとイスの間にあるよ。

イッツ　ビトゥウィーン　ざ　テイブる　アンド　ざ　チェア
It's between the table and the chair.

それは箱の中にあるよ。

イッツ　イン　ざ　バ(ー)ックス
It's in the box.

→ p.86「教室にあるもの」，p.162「場所（家）」

▶ ほかのたずね方

かばんが見当たらないとき、こんなふうにも聞けるよ

かばんが見つからないよ。

アイ　キャント　ふァインド　マイ　バッグ
I can't find my bag.

私のかばんを見なかった？

ディッド　ユー　スィー　マイ　バッグ
Did you see my bag?

あいさつ

自己紹介

学校で

友達に

家で・家族と

おでかけ・旅行

今日のお昼はカレーだよ

▶食べ物1

今日のお昼ご飯は何？
(フ)ワッツ　ふォー　ランチ　トゥデイ
What's for lunch today?

カレーライスだよ。
イッツ　カ〜リィ　アンド　ライス
It's curry and rice.

ポイント
イッツ
It's .... 「(それは)…です。」

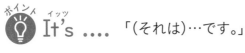

イッツ
It's ⟩ 黄色のカードを入れかえて言ってみよう！

パン・ご飯・めん

□ 親子丼
ア　チキン　アンド　エッグ　ライス　ボウる
a chicken and egg rice bowl

パン
ブレッド
bread

ホットドッグ
ア　ハ(ー)ット　ドーグ
a hot dog

ピザトースト
ピーツァ　トゥスト
pizza toast

チャーハン
ふライド　ライス
fried rice

ご飯
ライス
rice

おにぎり
ア　ライス　ボーる
a rice ball

ハヤシライス
ライス　ウィず　ハーシド　ビーふ
rice with hashed beef

ちらし寿司
スキャタァド　スシ
scattered sushi

ナポリタン
ナポリタン　スパゲティ
Napolitan Spaghetti

おかず

コロッケ
ア　クロウケット
a croquette

焼き魚
グリるド　ふィッシ
grilled fish

とり肉のからあげ
ディープ ふライド　チキン
deep-fried chicken

ハンバーグ
ハンバ～グ　ステイク
Hamburg steak

とんかつ
ア　ポーク　カットれット
a pork cutlet

ぎょうざ
ア　パ(ー)ットスティッカァ
a potsticker

春巻き
ア　スプリング　ロウる
a spring roll

→ p.236 「料理」

あいさつ

自己紹介

学校で

友達に

家で・家族と

おでかけ・旅行

26 | 今週は教室をそうじするよ

▶学校の施設

きみはどこをそうじするの?
(フ)ウェア ドゥー ユー クリーン
Where do you clean?

今週は教室をそうじするよ。
ディス ウィーク
This week,
ウィー クリーン ざ クらスルーム
we clean the classroom.

ポイント
ウィー クリーン
We clean .... 「私たちは…をそうじします。」

ウィー クリーン ざ
We clean the 黄色のカードを入れかえて
言ってみよう!

学校の施設

図工室
アーツ アンド クラふツ ルーム
arts and crafts room ※theは[ずィ]と読みます。

ランチルーム
らンチルーム
lunchroom

コンピューター室
コンピュータァ ルーム
computer room

調理室
クッキング ルーム
cooking room

ろう下
ホーるウェイ
hallway

昇降口
エントゥランス
entrance ※theは[ずィ]と読みます。

非常口
イマ～ヂェンスィ　エグズィット
emergency exit ※theは[ずィ]と読みます。

校門
スクーる　ゲイト
school gate

体育館
ヂム
gym

図書室
らイブレリィ
library

くつ箱
シュー　ら(ー)カァ
shoe locker

音楽室
ミューズィック　ルーム
music room

保健室
ナ～スィズ　ア(ー)ふィス
nurse's office

校長室
プリンスィパるズ　ア(ー)ふィス
principal's office

トイレ
レストルーム
restroom

校庭
スクーるヤード
schoolyard

理科室
サイエンス　ルーム
science room

プール
スウィミング　プーる
swimming pool

職員室
ティーチャズ　ルーム
teachers' room

あいさつ

自己紹介

学校で

友達に

家で・家族と

おでかけ・旅行

27 ｜ バスケットボールクラブ
に入っているよ

▶クラブ

バスケットボールクラブに入っているよ。

_{アイ　アム　ア(ー)ン　ざ　　　　　バスケットボーる　　　ティーム}
I am on the basketball team.

本当に？

_{リー(ア)リィ}
Really?

ポイント

_{アイ　アム　ア(ー)ン　ざ　　　ティーム}
I am on the ... team.
_{アイ　アム　イン　ざ　　　くらぶ}
I am in the ... club.

「私は…クラブに入っています。」

_{アイ　アム　ア(ー)ン　ざ}
I am on the

黄色のカードを入れかえて
言ってみよう！

運動クラブ

バドミントンクラブ
_{バドミントゥン　　　　ティーム}
badminton team

野球クラブ
_{ベイスボーる　　　　ティーム}
baseball team

ドッジボールクラブ
_{ダ(ー)ッヂ　　ボーる　　ティーム}
dodge ball team

弓道クラブ
ヂャパニーズ　アーチェリィ　ティーム
Japanese archery team

サッカークラブ
サ(ー)カァ　ティーム
soccer team

ソフトボールクラブ
ソ(ー)ふトボーる　ティーム
softball team

水泳クラブ
スウィミング　ティーム
swimming team

卓球クラブ
テイブる　テニス　ティーム
table tennis team

陸上競技クラブ
トゥラック　アンド　フィーるド　ティーム
track and field team

テニスクラブ
テニス　ティーム
tennis team

バレーボールクラブ
ヴァ(ー)リボーる　ティーム
volleyball team

アイ　アム　イン　ざ
I am in the

黄色のカードを入れかえて
言ってみよう！

□ 文化クラブ

美術クラブ
アート　クらブ
art club ※theは[ずィ]と読みます。

ブラスバンド
ブラス　バンド
brass band

放送クラブ
ブロードキャスティング　クらブ
broadcasting club

あいさつ

自己紹介

学校で

友達に

家で・家族と

おでかけ・旅行

美術クラブに入っているよ。
アイ　アム　イン　ずィ　アート　クラブ
I am in the art club.

合唱団
コーラス　クラブ
chorus club

コンピュータークラブ
コンピュータァ　クラブ
computer club

料理クラブ
クッキング　クラブ
cooking club

演劇クラブ
ドゥラーマ　クラブ
drama club

英語クラブ
イングリッシ　クラブ
English club ※theは[ずィ]と読みます。

生け花クラブ
ふらウア　アレインヂング　クラブ
flower arranging club

書道クラブ
ヂャパニーズ　カリグラふィ　クラブ
Japanese calligraphy club

音楽クラブ
ミューズィック　クラブ
music club

新聞クラブ
ヌーズペイパァ　クラブ
newspaper club

科学クラブ
サイエンス　クラブ
science club

茶道クラブ
ティー　セレモウニィ　クラブ
tea ceremony club

のほかに

こんなふうにも
言えるよ!

□ クラブで何をやっているか具体的に言いたいとき……

私はテニスクラブの一員だよ。

アイ　アム　ア　メンバァ　アヴ　ざ　テニス　ティーム
I am a member of the tennis team.

私はテニスクラブに所属しているよ。

アイ　ビろ(ー)ング　トゥー　ざ　テニス　ティーム
I belong to the tennis team.

私はサッカークラブでゴールを守っているよ。

アイ　キープ　ゴウる　ア(ー)ン　ざ　サ(ー)カァ　ティーム
I keep goal on the soccer team.

私はブラスバンドで鉄琴を演奏するよ。

アイ　プれイ　ざ　グら(ー)ケンスピーる　イン　ア　プラス　バンド
I play the glockenspiel in a brass band.

私は陸上部の短距離走者だよ。

アイム　ア　スプリンタァ　イン　ざ　トゥラック　アンド　フィーるド　ティーム
I'm a sprinter in the track and field team.

私はブラスバンドでチューバを担当しているよ。

アイム　イン　チャーヂ　アヴ　ざ　トゥーバ　イン　ざ　プラス　バンド
I'm in charge of the tuba in the brass band.

私はテニスクラブの部長だよ。

アイム　キャプトゥン　アヴ　ざ　テニス　ティーム
I'm captain of the tennis team.

あいさつ｜自己紹介｜学校で｜友達に｜家で・家族と｜おでかけ・旅行

28 | クラブには 20人いるよ

▶～人：数

> きみのクラブには生徒が何人いるの？
> ハウ　メニィ　ステューデンツ　アー
> **How many students are**
> ゼア　ア(ー)ン　ユア　ティーム
> **there on your team?**

> 20人の生徒がいます。
> ゼア　アー　トゥウェンティ　ステューデンツ
> **There are　twenty　students .**

ポイント
There are .... （2以上の数）
ゼア　アー　　い じょう

「…人います。」物のときは「…個あります。」という意味だよ。

➡ p.31「数」

のほかに　　　こんなふうにも言えるよ！

ほかの言い方

たくさんだよ。
ア　ら(ー)ット
A lot.

少ないよ。
ナ(ー)ット　メニィ
Not many.

10人以上だよ。
モー　ザン　テン
More than ten.

20人以下だよ。
トゥウェンティ　オー　れス
Twenty or less.

約20人の生徒だよ。
アバウト　　トゥウェンティ　　ステューデンツ
About twenty students.

生徒がたくさんいるよ。
ゼア　　アー　　メニィ　　ステューデンツ
There are many students.

少数の生徒だよ。
ア　スモール　　ナンバァ　アヴ　　ステューデンツ
A small number of stundents.

少しの生徒しかいないよ。
ゼア　　アー　　オウンリィ　ア　ふュー　　ステューデンツ
There are only a few students.

数はわからないよ。
アイ　ドゥント　ノウ　　ハウ　　メニィ
I don't know how many.

▶ 「いる」「ある」の表し方

There is .... / There are .... を使って表すことができるよ

私の市には大きなスタジアムがあるよ。
ゼア　イズ　ア　らーチ　　ステイディアム　イン　マイ　スィティ
There is a large stadium in my city.

ベンチの上にネコが2ひきいるよ。
ゼア　　アー　　トゥー　キャッツ　ア(ー)ン　ざ　ベンチ
There are two cats on the bench.

29 | 修学旅行が
楽しみだな
▶学校行事

修学旅行が楽しみだな。

アイム　　るッキング　　ふォーワド　　トゥー　ざ　　スクーる　　トゥリップ
I'm looking forward to the school trip.

私も。
ミー　トゥー
Me, too.

ポイント アイム　　るッキング　　ふォーワド　トゥー
I'm looking forward to ....

「…を楽しみにしています。」

アイム　　るッキング　　ふォーワド　トゥー　ざ
I'm looking forward to the 〜

黄色のカードを入れかえて言ってみよう！

□ 学校行事

合唱コンクール
コーラス　　　　カ(一)ンテスト
chorus contest

学芸会
ドゥラーマ　　ふェスティヴァる
drama festival

入学式
エントゥランス　　　　セレモウニィ
entrance ceremony
※theは[ずィ]と読みます。

展覧会
エクスィビション
exhibition
※theは[ずィ]と読みます。

遠足
ふぃーるど　トゥリップ
field trip

卒業式
そつぎょうしき
グラヂュエイション　　セレモウニィ
graduation ceremony

音楽祭
おんがくさい
ミューズィック　　ふェスティヴァる
music festival

学園祭
がくえんさい
スクーる　　ふェスティヴァる
school festival

弁論大会
べんろん
スピーチ　　カ(ー)ンテスト
speech contest

運動会　　※theはつけません。
うんどうかい
スポーツ　　デイ
sports day

水泳大会
すいえいたいかい
スウィミング　　ミート
swimming meet

避難訓練
ひなんくんれん
ふァイア　　ドゥリる
fire drill

→ p.54 「季節の行事」

あいさつ

自己紹介

学校で

友達に

家で・家族と

おでかけ・旅行

▶ 学校行事で使う表現
行事で言いたいことを見つけてみよう

待ちきれないよ。
アイ　キャント　ウェイト
I can't wait.

わくわくしているよ。
アイム　イクサイティッド
I'm excited.

がんばれ！
Go for it!
ゴウ　ふぉー　イット

きんちょうしてきたよ。
I'm getting nervous.
アイム　ゲッティング　ナ～ヴァス

私は運動会がいちばん好きだよ。
I like sports day the best.
アイ　らイク　スポーツ　デイ　ざ　ベスト

運動会の競技

ダンス	dance（ダンス）	つな引き	tug of war（タッグ アヴ ウォー）
集団行動	group action（グループ アクション）		
玉入れ	ball-toss game（ボーる ト(ー)ス ゲイム）		
短距離走	short-distance race（ショート ディスタンス レイス）		
騎馬戦	mock cavalry battle（マ(ー)ク キャヴェるリ バトゥる）		
二人三脚	three-legged race（スリー れッグド レイス）		
パン食い競走	bun-snatching race（バン スナッチング レイス）		
リレー競走	relay race（リーれイ レイス）		

位置_{いち}について，用意_{ようい}，ドン！
ア(ー)ン　ユア　マーク　ゲット　セット　ゴウ
On your mark, get set, go!

あいさつ　自己紹介　学校で　友達に　家で・家族と　おでかけ・旅行

私_{わたし}はリレー走者_{そうしゃ}に選_{えら}ばれたよ。
アイ　ワズ　チョウズン　アズ　ア　リーれイ　ラナァ
I was chosen as a relay runner.

私_{わたし}は合唱_{がっしょう}コンクールでピアノをひいたよ。
アイ　プれイド　ざ　ピアノウ　イン　ざ　コーラス　カ(ー)ンテスト
I played the piano in the chorus contest.

私_{わたし}は桃太郎_{ももたろう}の役_{やく}をするよ。
アイる　プれイ　ざ　ロウる　アヴ　モモタロウ
I'll play the role of Momotaro.

私_{わたし}は音楽祭_{おんがくさい}で「未来へ」を歌_{うた}うよ。
アイる　スィング　トゥー　ざ　ふューチャ　アット　ざ　ミューズィック　ふェスティヴァる
I'll sing "To the Future" at the music festival.

私_{わたし}は修学旅行_{しゅうがくりょこう}で班長_{はんちょう}をするよ。
アイる　ビー　ア　グループ　リーダァ　イン　ざ　スクーる　トゥリップ
I'll be a group leader in the school trip.

私_{わたし}は賞_{しょう}をとったよ。
アイ　ワン　ざ　プライズ
I won the prize.

30 | 中学校ではテニス部に入りたいな

▶…したい

中学校で何がしたい？
(フ)ワット ドゥー ユー ワ(ー)ント トゥー
What do you want to
ドゥー イン チューニャ ハイ スクーる
do in junior high school?

テニス部に入りたいです。
アイ ワ(ー)ント トゥー ヂョイン ざ テニス ティーム
I want to join the tennis team.

ポイント
アイ ワ(ー)ント トゥー
I want to .... 「私は…したいです。」

アイ ワ(ー)ント トゥー
I want to 黄色のカードを入れかえて言ってみよう！

し
た
い
内
容

授業の予習と復習をする
プリペア ふぉー クらス アンド リヴュー れスンズ
prepare for class and review lessons

ロックバンドを組む
ふぉーム ア ラ(ー)ック バンド
form a rock band

テストでよい点をとる

ゲット　ア　　グッド　　　スコー　ア(ー)ン　ざ　　テスト
get a good score on the test

外国へ行く

ゴウ　　アブロード
go abroad

自分のスマートフォンを持つ

ハヴ　　マイ　　オウン　　　スマートふォウン
have my own smartphone

生徒会に加わる

ヂョイン　　ざ　　　ステューデント　　カウンス(ィ)る
join the student council

ボランティア活動に参加する

ヂョイン　　　ヴァ(ー)らンティア　　　アクティヴィティズ
join volunteer activities

新しい友達を作る

メイク　　　ヌー　　　　ふレンズ
make new friends

英語を上手に話す

スピーク　　　イングリッシ　　　ウェる
speak English well

何か新しいことに挑戦する

トゥライ　　　サムすィング　　　ヌー
try something new

➡ p.122「外でする遊び」, p.124「家の中でする遊び」

あいさつ｜自己紹介｜学校で｜友達に｜家で・家族と｜おでかけ・旅行

31 | なぜ？

▶理由（り ゆう）

どうしてそれをしたいの？

（フ）ワイ　ドゥー　ユー　ワ（ー）ント　トゥー　ドゥー　ザット
Why do you want to do that?

私（わたし）は中学校生活を楽しみたいからです。

ビコ（ー）ズ　アイ　ワ（ー）ント　トゥー　インヂョイ
Because I want to enjoy

マイ　ヂューニャ　ハイ　スクーる　らイフ
my junior high school life.

（フ）ワイ
Why ... ？ 「なぜ…ですか。」

ビコ（ー）ズ
—Because 〜 . 「なぜなら〜だからです。」

ビコ（ー）ズ
Because 〜　　黄色のカードを入れかえて言ってみよう！

理由（り ゆう）

私（わたし）はもっと英語（えい ご）を勉強（べんきょう）したい

アイ　ワ（ー）ント　トゥー　スタディ　イングリッシ　モー
I want to study English more

私（わたし）は音楽が好（す）き

アイ　らイク　ミューズィック
I like music

私は有名な高校に入りたい
アイ ワ(ー)ント トゥー エンタァ ア フェイマス ハイ スクール
I want to enter a famous high school

私は外国の文化について学びたい
アイ ワ(ー)ント トゥー ら～ン アバウト ふォ(ー)リン カるチャズ
I want to learn about foreign cultures

私の友達はみんなそれを持っている
オーる マイ ふレンズ ハヴ ワン
all my friends have one

私は学校の生徒の役に立ちたい
アイ ワ(ー)ント トゥー へるプ ざ ステューデンツ アット マイ スクール
I want to help the students at my school

私は私の町が好き
アイ らイク マイ タウン
I like my town

私はおしゃべりが好き
アイ アム トーカティヴ
I am talkative

私は外国の人々と話がしたい
アイ ワ(ー)ント トゥー トーク ウィず ふォ(ー)リン ピープる
I want to talk with foreign people

わくわくする
イッツ イクサイティング
it's exciting

→ このページのカードは，それぞれp.114-115の同じ位置にあるカードの理由になっているよ。

あいさつ

自己紹介

学校で

友達に

家で・家族と

おでかけ・旅行

32 ｜ 学校で使える
ほかの表現

授業・勉強などで

おくれてすみません。
アイム　サ(ー)リィ　アイム　れイト
I'm sorry I'm late.

次の授業は何？
(フ)ワット　イズ　ざ　ネクスト　クラス
What is the next class?

2時間目は何時に始まるの？
(フ)ワット　タイム　ダズ　ざ　セカンド　ピ(ア)リオッド　スタート
What time does the second period start?

私はテストで100点をとったよ。
アイ　ガ(ー)ット　ワン　ハンドゥレッド　ア(ー)ン　マイ　テスト
I got 100 on my test.

私はこの算数の問題が解けない。
アイ　キャント　サ(ー)るヴ　ずィス　マす　ブラ(ー)ブれム
I can't solve this math problem.

新しい理科の先生は本当に親切だよ。
ざ　ヌー　サイエンス　ティーチャ　イズ　リー(ア)リィ　カインド
The new science teacher is really kind.

□ 私たちは今日，朝の会があるよ。
_{ウィー} _{ハヴ} _ア _{モーニング} _{アセンブリィ} _{トゥデイ}
We have a morning assembly today.

今日は転校生がいます。
_{ウィー} _{ハヴ} _ア _{ヌー} _{ステューデント} _{トゥデイ}
We have a new student today.

私は今日，給食当番だよ。
_{アイム} _{ア(ー)ン} _{ランチ} _{ドゥーティ} _{トゥデイ}
I'm on lunch duty today.

昼休みにサッカーをするのはどう？
_{ハウ} _{アバウト} _{プレインク} _{サ(ー)カァ} _{アット} _{ランチ} _{ブレイク}
How about playing soccer at lunch break?

このクラスでいちばん足が速いのはだれ？
_{フー} _{ランズ} _ざ _{ファステスト} _{イン} _{ずィス} _{クラス}
Who runs the fastest in this class?

私はタナカ先生にしかられた。
_{アイ} _{ワズ} _{スコウるディド} _{バイ} _{ミスタァ} _{タナカ}
I was scolded by Mr. Tanaka.

黒板を消してください。
_{プリーズ} _{イレイス} _ざ _{ブラックボード}
Please erase the blackboard.

グリーン先生がどこにいるか知っている？
_{ドゥー} _{ユー} _{ノウ} _{(フ)ウェア} _{ミスタァ} _{グリーン} _{イズ}
Do you know where Mr. Green is?

あいさつ

自己紹介

学校で

友達に

家で・家族と

おでかけ・旅行

友達に コレが言いたい！

おにごっこしよう！

うんうん

オニゴッコ？

にげる

Let's play tag.
（おにごっこしよう。）

Let's play tag!
（おにごっこしよう！）

おにごっこ
おもしろいのに！

あ，雨だ。

ここには友達に言いたくなる表現が集めてあるよ。
放課後おにごっこしよう。
昨日映画を見たよ。よかったよ。
言いたいことを見つけよう。

(フ)ワット ディッド ユー ドゥー イェスタディ
What did you do yesterday?
（昨日は何をしたの？）

ウィー ソウ ア ムーヴィ
We saw a movie.
（ぼくたちは映画を見たよ。）

映画を見たんだって。

どうだった？

ハウ ワズ イット
How was it?
（どうだった？）

イット ワズ グッド
It was good.
（よかったよ。）

ハウ ワズ イット
How was it?
（どうだった？）

イット ワズ ヤミィ
It was yummy!
（おいしかったよ！）

ヤミィ
Yummy?
（おいしかった？）

おにごっこを しよう！

▶遊_{あそ}び

おにごっこをしよう。
れッツ　プレイ　タッグ
Let's play tag.

いいよ。
オウケイ
OK.

ポイント Let's ....　れッツ　「…しましょう。」

れッツ
Let's　黄色のカードを入れかえて
言ってみよう！

□ 外でする遊_{あそ}び

すべり台で遊ぶ
ゴウ　ア(ー)ン　ア　スライド
go on a slide

ブランコに乗_のる
ゴウ　ア(ー)ン　ざ　スウィング
go on the swing

長_{なが}なわとびをする
ヂャンプ　ロング　ロウプ
jump long rope

ドロケイをする
プレイ　カ(ー)ップス　アンド　ラ(ー)バァズ
play cops and robbers

ドッジボールをする
プレイ　ダ(ー)ッヂ　ボーる
play dodge ball

かくれんぼをする
プレイ　ハイドゥン スィーク
play hide-and-seek

かんけりをする
プレイ　キック　ざ　キャン
play kick the can

鉄棒で遊ぶ
プレイ　ア(ー)ン　ざ　バーズ
play on the bars

だるまさんが転んだをする
プレイ　レッド　らイト　グリーン　らイト
play Red Light, Green Light

一輪車に乗る
ライド　ア　ユーニサイクる
ride a unicycle

竹馬に乗る
ウォーク　ア(ー)ン　スティるツ
walk on stilts

→ p.38「スポーツ」

おにごっこをしよう。
Let's play tag.
（レッツ　プレイ　タッグ）

Let's ⌒ 黄色のカードを入れかえて言ってみよう！
（レッツ）

家の中でする遊び

ぬり絵をする
color in a picture
（カラァ　イン　ア　ピクチャ）

ジグソーパズルをする
do a jigsaw puzzle
（ドゥー　ア　ヂグソー　パズる）

うで相撲をする
do arm wrestling
（ドゥー　アーム　レスリング）

指相撲をする
do thumb wrestling
（ドゥー　さム　レスリング）

しりとりをする
make word chains
（メイク　ワ～ド　チェインズ）

ボードゲームをする
play a board game
（プレイ　ア　ボード　ゲイム）

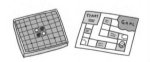

いす取りゲームをする
プレイ　　　　ミューズィカる　　　　　チェアズ
play musical chairs

あや取りをする
プレイ　　　キャッツ　　クレイドゥる
play cat's cradle

トランプをする
プレイ　　カーズ
play cards

チェスをする
プレイ　チェス
play chess

フルーツバスケットをする
プレイ　　ふルーツ　　バスケット　　ゲイム
play fruits basket game

ままごと遊びをする
プレイ　　ハウス
play house

じゃんけんをする
プレイ　ラ(ー)ック　　ペイパァ　　スィザズ
play rock-paper-scissors

将棋を指す
プレイ　　ショーギ
play *shogi*

あいさつ

自己紹介

学校で

友達に

家で・家族と

おでかけ・旅行

おにごっこをしよう。
Let's play tag.
_{れッツ} _{プレイ} _{タッグ}

三目並べをする
play tic-tac-toe
_{プレイ} _{ティク} _{タク} _{トウ}

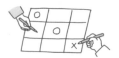

テレビゲームをする
play video games
_{プレイ} _{ヴィディオウ} _{ゲイムズ}

積み木で遊ぶ
play with blocks
_{プレイ} _{ウィず} _{プら(ー)ックス}

粘土で遊ぶ
play with clay
_{プレイ} _{ウィず} _{クれイ}

ヨーヨーをする
play with a yo-yo
_{プレイ} _{ウィず} _ア _{ヨウヨウ}

絵本を読む
read picture books
_{リード} _{ピクチャ} _{ブックス}

➡ p.44「楽器」

Let's れッツ

黄色のカードを入れかえて
言ってみよう！

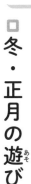

冬・正月の遊び

たこをあげる
ふらイ　ア　カイト
fly a kite

雪合戦をする
ハヴ　ア　スノウボール　ファイト
have a snowball fight

雪だるまを作る
メイク　ア　スノウマン
make a snowman

羽根つきをする
プレイ　バトゥるドー　アンド　シャトゥるカ(ー)ック
play battledore and shuttlecock

こまを回す
スピン　ア　タ(ー)ップ
spin a top

あいさつ｜自己紹介｜学校で｜友達に｜家で・家族と｜おでかけ・旅行

アメリカの「だるまさんが転んだ」

　世界のいろいろな国に「だるまさんが転んだ」と同じような遊びがあります。アメリカではRed Light, Green Lightと言います。後ろを向いたおにが「Green light！」という間にほかの子たちはおにに近寄って，おにが「Red light！」とふり向いたときには止まっていなければなりません。
　green lightは「青信号」，red lightは「赤信号」という意味です。

▶ 今度は遊ぶ「時間」を 入れかえてみよう

放課後おにごっこしよう。

Let's play tag after school.
（レッツ プレイ タッグ アふたァ スクーる）

Let's play tag
（レッツ プレイ タッグ）

黄色のカードを入れかえて
言ってみよう！

□ 学校の時間帯

○ 放課後
after school
（アふたァ スクーる）

○ 昼休みに
at lunch break
（アット らンチ ブレイク）

○ 休み時間に
（米で）**at recess,** （英で）**at break**
（アット リーセス アット ブレイク）

○ 2時間目の後に
after the second period
（アふたァ ざ セカンド ピ(ア)リオッド）

○ クラブ活動の前に
before club activities
（ビふォー クらブ アクティヴィティズ）

4時まで

アンティる　　　ふォー　　　　オクら(ー)ック
until four o'clock

先生が来るまで

アンティる　　　アウア　　　ティーチャ　　　カムズ
until our teacher comes

→ p. 144 「家での時間帯」

▶ 誘うときの言い方
友達を誘うときはこんなふうにも言えるよ

おにごっこしようよ。

(フ)ワイ　　ドウント　　ウィー　　プれイ　　タッグ
Why don't we play tag?

おにごっこするのはどう？

ハウ　　　アバウト　　　プれインッグ　　タッグ
How about playing tag?

仲間に入りたい？

ドゥー　　ユー　　ワ(ー)ント　トゥー　ヂョイン　アス
Do you want to join us?

私たちとおにごっこしたい？

ドゥー　　ユー　　ワ(ー)ント　トゥー　プれイ　　タッグ　ウィず　アス
Do you want to play tag with us?

34 公園に行きたいな

▶場所 1

どこに行きたい？
(フ)ウェア　ドゥー　ユー　ワ(ー)ント　トゥー　ゴウ
Where do you want to go?

公園に行きたいな。
アイ　ワ(ー)ント　トゥー　ゴウ　トゥー　ざ　パーク
I want to go to the park.

ポイント
アイ　ワ(ー)ント　トゥー　ゴウ　トゥー　ざ
I want to go to the ....　「私は…へ行きたいです。」

アイ　ワ(ー)ント　トゥー　ゴウ　トゥー　ざ
I want to go to the　黄色のカードを入れかえて
言ってみよう！

□
遊ぶ場所

浜
ビーチ
beach

野原
ふぃーるド
field

駄菓子店
キャンディ　　　　　ストー
candy store

池
パ(ー)ンド
pond

児童館
children's community center
チるドゥレンズ　コミューニティ　センタァ

ゲームセンター
arcade　※theは［ずィ］と読みます。
アーケイド

おばあさんの家
my grandma's house　※theはつきません。
マイ　グラン（ド）マーズ　ハウス

ひまりの家
Himari's house　※theはつきません。
ヒマリズ　ハウス

公園の遊び場
playground
プレイグラウンド

楽しい場所
a fun place　※theはつきません。
ア　ふァン　プレイス

どこかすずしいところ
somewhere cool　※to theはつきません。
サム（フ）ウェア　クーる

どこか暖かいところ
somewhere warm　※to theはつきません。
サム（フ）ウェア　ウォーム

➡ p.194「場所（買い物）」, p.196「場所（自然）」, p.232「私たちの町」

あいさつ

自己紹介

学校で

友達に

家で・家族と

おでかけ・旅行

35 | 5時だよ

▶時間

今何時？
(フ)ワット タイム イズ イット ナウ
What time is it now?

5時だよ。
イッツ ファイヴ オクら(ー)ック
It's five o'clock.

ポイント イッツ
It's .... 「…（時刻）です。」

イッツ
It's ⟩── 黄色のカードを入れかえて
言ってみよう！

時刻の言い方

8時
エイト オクら(ー)ック
eight o'clock

午前9時
ナイン エイエム
9 a.m.

午後9時30分
ナイン さ〜ティ ピーエム
9:30 p.m.

10時20分
テン トゥウェンティ
ten twenty

オクら(ー)ック
o'clockと言うのはちょうど「…時」のときだけ。それに，
エイエム ピーエム
a.m., p.m.といっしょには使えないよ。

➜ p.31 「数」

□ ほかの言い方

○ 10時半
はふ　パスト　テン
half past ten

○ 1時15分
クウォータァ　パスト　ワン
quarter past one

○ 6時45分
クウォータァ　トゥー　セヴン
quarter to seven

○ 2時10分
テン　パスト　トゥー
ten past two

○ 1時50分
テン　トゥー　トゥー
ten to two

> 時刻は1:23のように数字だけも書ける。その場合は「:」で分けて，左側と右側の数字を続けてone twenty-three と読むよ。

▶ ほかの時間のたずね方

「何時ですか？」はほかにもこんなふうに言えるよ

何時？
（フ）ワッツ　ざ　タイム
What's the time?

時刻を教えていただけませんか？
クッド　ユー　テル　ミー　ざ　タイム
Could you tell me the time?

何時かわかりますか？
ドゥー　ユー　ハヴ　ざ　タイム
Do you have the time?

あいさつ

自己紹介

学校で

友達に

家で・家族と

おでかけ・旅行

36 | 今日の天気は？

▶天気

今日の天気は？
ハウ イズ ざ ウェザァ トゥデイ
How is the weather today?

くもりだよ。
イッツ くらウディ
It's cloudy.

ポイント
イッツ
It's .... 「…（天気・気候）です。」

イッツ
It's — 黄色のカードを入れかえて言ってみよう！

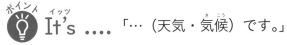

天気の言い方

晴れた
くリア サニィ
clear, sunny

快晴の
ヴェリィ クリア
very clear

くもった
くらウディ
cloudy

晴れときどきくもりの
パートリィ くらウディ
partly cloudy

晴れのちくもりの
くらウディ アふタァ サニィ
cloudy after sunny

雨の
レイニィ
rainy

小雨の
こさめ
ア　リトゥる　レイニィ
a little rainy

雪の降る
ふ
スノウイ
snowy

風の強い
ウィンディ
windy

暑い
あつ
ハ(ー)ット
hot

暖かい
あたた
ウォーム
warm

寒い
さむ
コウるド
cold

すずしい
クーる
cool

かんそうした
ドゥライ
dry

湿気の多い
しっ　け
ヒューミッド
humid

 のほかに

こんなふうにも
言えるよ!

ほかの言い方

いい天気だよ。
ざ　　　ウェざァ　イズ　ナイス
The weather is nice.

今日は素晴らしい天気だよ。
きょう　す　ば
ウィー　ハヴ　グレイト　ウェざァ　トゥデイ
We have great weather today.

あいさつ

自己紹介

学校で

友達に

家で・家族と

おでかけ・旅行

くもりだよ。
It's cloudy.

天気が悪いよ。
The weather is bad.

雨がざあざあ降っているよ。
It's raining very hard.

雪が降りそうだよ。
It's going to snow.

天気の名前

台風	typhoon	ハリケーン	hurricane
あらし	storm	にわか雨	shower
ひょう	hail	きり	fog
かみなり	thunder	いなずま	lightning
天気雨	sun shower	虹	rainbow

37 | あの人はだれ？

▶関係を表すことば：私の・あなたの

あの人はだれ？
フー　イズ　ザット
Who is that?

かれはぼくのお父さんだよ。
ヒー　イズ　マイ　ふァーざァ
He is my father.

ポイント

ヒー　イズ
He is .... 「かれは…です。」
シー　イズ
She is .... 「かのじょは…です。」

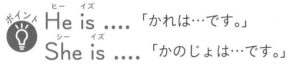

ヒー　シー　イズ
He[She] is

黄色のカードを入れかえて
言ってみよう！

身近な人

私の兄
マイ　　ブラざァ
my brother

私の弟
マイ　　ブラざァ
my brother

私たちの姉
アウア　　スィスタァ
our sister

私たちの妹
アウア　　スィスタァ
our sister

あいさつ

自己紹介

学校で

友達に

家で・家族と

おでかけ・旅行

かのじょはぼくのお母さんだよ。
シー イズ マイ マザァ
She is my mother.

かのじょの親
ハ〜 ペ(ア)レント
her parent

かのじょの赤ちゃん
ハ〜 ベイビィ
her baby

かれの祖父
ヒズ グラン(ド)ファーザァ
his grandfather

かれの祖母
ヒズ グラン(ド)マザァ
his grandmother

あなたの息子
ユア サン
your son

あなたのむすめ
ユア ドータァ
your daughter

かれらのおじ
ゼア アンクる
their uncle

かれらのおば
ゼア アント
their aunt

ひまりのいとこ
ヒマリズ カズン
Himari's cousin

かのじょらの友達
ゼァ　ふレンド
their friend

あなたたちの友達
ユア　ふレンド
your friend

私の親友
マイ　ベスト　ふレンド
my best friend

かれの幼なじみ
ヒズ　チャイるドフッド　ふレンド
his childhood friend

私のクラスメート
マイ　クらスメイト
my classmate

近所の人
アウア　ネイバァ
our neighbor

かいとの先生
カイトズ　ティーチャ
Kaito's teacher

私の先生の息子
マイ　ティーチャズ　サン
my teacher's son

私の先生の妻
マイ　ティーチャズ　ワイふ
my teacher's wife

かのじょの夫
ハ〜　ハズバンド
her husband

→ p.65「家族・親せき」，p.73「職業」

▶ 兄弟姉妹の関係をはっきり伝えたいとき

英語では，兄と弟，姉と妹は同じ単語だよ。年上，年下を
はっきり伝えたいときはこんなふうに言おう

兄

<ruby>オウるダァ<rp>(</rp><rt></rt><rp>)</rp></ruby> <ruby>ブラざァ<rp>(</rp><rt></rt><rp>)</rp></ruby>　<ruby>エるダァ<rp>(</rp><rt></rt><rp>)</rp></ruby> <ruby>ブラざァ<rp>(</rp><rt></rt><rp>)</rp></ruby>

older brother, elder brother

姉

オウるダァ スィスタァ　エるダァ スィスタァ

older sister, elder sister

弟

ヤンガァ　ブラざァ

younger brother

妹

ヤンガァ　スィスタァ

younger sister

英語には「お兄ちゃん」「お姉ちゃん」といった呼びかけのことば
はなく、ふつう兄弟姉妹のことは名前やニックネームで呼ぶよ。

▶ いろいろな代名詞

家族や持ち物などには「だれだれの」を表す my や your
などをつける。これは代名詞と言って，ほかにも「〜は」「〜
に」「〜のもの」を表す代名詞があるよ。表を見てね

代名詞

私は	I	私たちは	we
私の	my	私たちの	our
私を [に]	me	私たちを [に]	us
私のもの	mine	私たちのもの	ours
あなたは	you	あなたたちは	you
あなたの	your	あなたたちの	your
あなたを [に]	you	あなたたちを [に]	you
あなたのもの	yours	あなたたちのもの	yours
かれは	he	かれらは	they
かれの	his	かれらの	their
かれを [に]	him	かれらを [に]	them
かれのもの	his	かれらのもの	theirs
かのじょは	she	かのじょらは	they
かのじょの	her	かのじょらの	their
かのじょを [に]	her	かのじょらを [に]	them
かのじょのもの	hers	かのじょらのもの	theirs

あいさつ

自己紹介

学校で

友達に

家で・家族と

おでかけ・旅行

38 | 今日はピアノ教室があるよ

▶習い事

今日何か予定がある？
ドゥー ユー ハヴ エニイ プランズ トゥデイ
Do you have any plans today?

うん，今日はピアノ教室があるよ。
イェス アイ ハヴ ア
Yes, I have a
ピアノウ れスン トゥデイ
piano lesson today.

ポイント
アイ ハヴ ア
💡 **I have a ....** 「…(習い事)があります。」

アイ ハヴ ア
I have a ～ 黄色のカードを入れかえて言ってみよう！

習い事

そろばん教室
アバカス れスン
abacus lesson ※aがanになります

書道教室
カリグラふィ れスン
calligraphy lesson

合唱教室
コーラス れスン
chorus lesson

料理教室
クッキング れスン
cooking lesson

英語教室
English lesson ※aがanになります

絵画教室
painting lesson

サッカー教室
soccer lesson

バレエ教室
ballet lesson

ダンス教室
dance lesson

水泳教室
swimming lesson

→ p.38 「スポーツ」, p.44 「楽器」

ほかの言い方

じゅくに行くよ。
I go to cram school.

今日はひまだよ。
I'm free today.

何をするか考えているところなんだ。
I am thinking about what to do.

あいさつ

自己紹介

学校で

友達に

家で・家族と

おでかけ・旅行

いつピアノを練習するの？

When do you practice the piano?

夕食の前に練習するよ。

I practice the piano before dinner.

ポイント 💡 **I practice the ....** 「私は…（楽器）を練習します。」

I practice the piano 黄色のカードを入れかえて言ってみよう！

□ 家での時間帯

夕食の後で
after dinner

ふろに入った後に
after taking a bath

宿題をする前に
before doing my homework

4時から5時まで

ふ*ラ*ム　ふォー　トゥー　ファイヴ
from four to five

5時から6時の間に

ビトゥウィーン　ファイヴ　アンド　スィックス
between five and six

➡ p.128「学校の時間帯」，p.132「時刻の言い方」，p.151「時を表すことば」

▶ 今度は「ひん度」を入れかえてみよう

よく夕食の前に練習するよ。
アイ　オ(ー)ふン　プラクティス　ざ　ピアノウ　ビふォー　ディナァ
I often practice the piano before dinner.

アイ
I

黄色のカードを入れかえて
言ってみよう！

プラクティス　ざ　ピアノウ
practice the piano
ビふォー　ディナァ
before dinner

□ ひん度

いつも
オールウェイズ
always

たいてい
ユージュ(ア)リィ
usually

たびたび
オ(ー)ふン
often

ときどき
サムタイムズ
sometimes

決して…ない
ネヴァ
never

私の一日

私は6時に起きるよ。

アイ　ゲット　アップ　アット　スィックス
I get up at six.

→ p.132
「時刻の言い方」

朝食を食べる
ハヴ　　　　　ブレックふァスト
have breakfast

テレビを見る
ワ(ー)ッチ　ティーヴィー
watch TV

コウ　トゥー　　ベッド
ねる go to bed

ふろに入る
テイク　ア　バーす
take a bath

夕食を食べる
ハヴ　　ディナァ
have dinner

さら　あら
皿を洗う
ワ(ー)ッシ　ざ　ディッシズ
wash the dishes

犬を散歩させる
さん　ぽ
ウォーク　マイ　ド(ー)グ
walk my dog

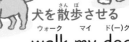

歯をみがく
ブラッシ　マイ　ティーす
brush my teeth

新聞を取ってくる
ゲット　ざ　ヌーズペイパァ
get the newspaper

ごみを出す
テイク　アウト　ざ　ガービヂ
take out the garbage

学校へ行く
ゴウ　トゥー　スクーる
go to school

英語を勉強する
スタディ　イングリッシ
study English

家へ帰る
ゴウ　ホウム
go home

宿題をする
ドゥー　マイ　ホウムワ〜ク
do my homework

昼食を食べる
ハヴ　らンチ
have lunch

40 | 映画を見たよ

▶過去のこと

昨日は何をしたの？
(フ)ワット ディッド ユー ドゥー イェスタディ
What did you do yesterday?

映画を見たよ。
アイ ソウ ア ムーヴィ
I saw a movie.

💡 ポイント アイ I ＋ 過去の行動を表すことば。「私は…しました。」

アイ
I ── 黄色のカードを入れかえて言ってみよう！

過去の行動

ピザを食べた
エイト ピーツァ
ate pizza

読書を楽しんだ
インヂョイド リーディング
enjoyed reading

パーティーを開いた
ハッド ア パーティ
had a party

母を手伝った
<ruby>母<rt>はは</rt></ruby>を<ruby>手伝<rt>てつだ</rt></ruby>った
ヘルプト　マイ　マザァ
helped my mother

祖父母に会った
<ruby>祖父母<rt>そふぼ</rt></ruby>に<ruby>会<rt>あ</rt></ruby>った
メット　マイ　グラン(ド)ペ(ア)レンツ
met my grandparents

サッカーをした
プレイド　サ(ー)カァ
played soccer

テレビゲームで遊んだ
テレビゲームで<ruby>遊<rt>あそ</rt></ruby>んだ
プレイド　ヴィディオウ　ゲイムズ
played video games

ピアノを練習した
ピアノを<ruby>練習<rt>れんしゅう</rt></ruby>した
プラクティスト　ざ　ピアノウ
practiced the piano

キャンプに行った
キャンプに<ruby>行<rt>い</rt></ruby>った
ウェント　キャンピング
went camping

京都へ行った
<ruby>京都<rt>きょうと</rt></ruby>へ<ruby>行<rt>い</rt></ruby>った
ウェント　トゥー　キオト
went to Kyoto

花火大会を見に行った
<ruby>花火大会<rt>はなびたいかい</rt></ruby>を<ruby>見<rt>み</rt></ruby>に<ruby>行<rt>い</rt></ruby>った
ウェント　トゥー　スィー　ア　ふァイアワ～クス　ディスプレイ
went to see a fireworks display

➡ p.38「スポーツ」, p.54「<ruby>季節<rt>きせつ</rt></ruby>の<ruby>行事<rt>ぎょうじ</rt></ruby>」, p.110「学校行事」

あいさつ
自己紹介
学校で
友達に
家で・家族と
おでかけ・旅行

▶ 今度は「いつ」を入れかえてみよう

昨日，映画を見たよ。
I saw a movie yesterday.

I saw a movie ⟵ 黄色のカードを入れかえて
言ってみよう！

過去の時

この前の日曜日に
last Sunday

この前の週末に
last weekend

昨日の夕方に
yesterday evening

今朝
this morning

→ p.128「学校の時間帯」，p.132「時刻の言い方」

期間

ゴールデンウイークに
in a week-long vacation in May

春休みに
in the spring vacation

夏休みに
イン　ざ　サマァ　ヴェイケイション
in the summer vacation

冬休みに
イン　ざ　ウィンタァ　ヴェイケイション
in the winter vacation

3連休に
ア(ー)ン　ざ　すリーデイ　ウィーケンド
on the three-day weekend

→ p.51「季節」, p.56「月名」

▶ 時を表すことば

ほかにも時を表すことばはいろいろあるよ

午前に
イン　ざ　モーニング
in the morning

正午に
アット　ヌーン
at noon

午後に
イン　ずぃ　あふたヌーン
in the afternoon

夕方に
イン　ずぃ　イーヴニング
in the evening

夜に
アット　ナイト
at night

夜中の12時に
アット　ミッドナイト
at midnight

おととい
ざ　デイ　ビふォー　イェスタディ
the day before yesterday

▶ 今度は「だれと」を入れかえてみよう

家族と映画を見たよ。
アイ ソウ ア ムーヴィ ウィず マイ ふァミリィ
I saw a movie with my family.

□ だれと

姉といっしょに
ウィず マイ スィスタァ
with my sister

一人で
バイ マイせるふ
by myself

友達といっしょに
ウィず マイ ふレンド
with my friend

クラスメートといっしょに
ウィず マイ クらスメイツ
with my classmates

➔ p.65「家族・親せき」

 のほかに　こんなふうにも言えるよ!

□ ほかの言い方

特に何も。
ナッすィング スペシャる
Nothing special.

覚えていないよ。
アイ ドウント リメンバァ
I don't remember.

私は一日中家にいたよ。

アイ　ワズ　アット　ホウム　オーる　デイ

I was at home all day.

私は一日中のんびりしていたよ。

アイ　リラックスト　オーる　デイ

I relaxed all day.

▶ ほかのたずね方

過去のことはこんなふうにも聞けるよ

あなたはどこへ行った？

(フ)ウェア　ディッド　ユー　ゴウ

Where did you go?

あなたはだれと映画を見に行ったの？

フー　ディッド　ユー　スィー　ア　ムーヴィ　ウィず

Who did you see a movie with?

いつそれをしたの？

(フ)ウェン　ディッド　ユー　ドゥー　イット

When did you do it?

あなたは何の番組を見た？

(フ)ワット　プロウグラム　ディッド　ユー　ワ(ー)ッチ

What program did you watch?

あいさつ

自己紹介

学校で

友達に

家で・家族と

おでかけ・旅行

41 | よかったよ

▶出来事の感想

どうだった？
How was it?
ハウ　ワズ　イット

よかったよ。
It was good.
イット　ワズ　グッド

ポイント
イット　ワズ
It was .... 「…でした。」

イット　ワズ
It was 黄色のカードを入れかえて
言ってみよう！

出来事の感想

よい
グッド
good

かなりよい
プリティ　グッド
pretty good

素晴らしい
グレイト
great

おどろくほどよい
ワンダふる
wonderful

びっくりするほどすごい
アメイズィング
amazing

とても素晴らしい
ふァンタスティック
fantastic

すてきな
ナイス
nice

きれいな
プリティ
pretty

美しい
ビューティふる
beautiful

かわいらしい
らヴリィ
lovely

おもしろい
インタレスティング
interesting

わくわくさせる
イクサイティング
exciting

楽しみ
ふァン
fun

つまらない
ダる
dull

たいくつな
ボーリング
boring

難しい
ディふィクるト
difficult

つらい
タふ
tough

いやな
バッド
bad

ひどい
オーふる
awful

おそろしい
スケアリィ
scary

悲しい
サッド
sad

➡ p.190「味」, p.191「食感」

よかったよ。
イット　ワズ　グッド
It was good.

のほかに　こんなふうにも言えるよ!

□ **ほかの言い方**

私はそれがとても気に入ったよ。
アイ　ライクト　イット　ヴェリィ　マッチ
I liked it very much.

私はそれが好きではなかったよ。
アイ　ディドゥント　ライク　イット
I didn't like it.

私は泣いたよ。
アイ　クライド
I cried.

私はたくさん笑ったよ。
アイ　ラフト　ア　ら(ー)ット
I laughed a lot.

私はとてもつかれたよ。
アイ　ワズ　ヴェリィ　タイアド
I was very tired.

私は楽しく過ごしたよ。
アイ　ハッド　ア　グッド　タイム
I had a good time.

▶ あいづち表現

「なるほど。」「いいね。」とことばを返してみよう

なるほど。
アイ スィー
I see.

そのとおり。
ライト
Right.

もちろん。
シュア
Sure.

いいね。
サウンズ グッド
Sounds good.

オーケー。
オウケイ
OK.

わかった。
オーる ライト
All right.

まったくそのとおり。
アブソるートりぃ
Absolutely.

確かに。
デふィニットりぃ
Definitely.

まさに。
イグザク(ト)りぃ
Exactly.

確かにそうだね。
ザット メイクス センス
That makes sense.

そのとおりだね。
ザッツ トゥるー
That's true.

たぶん。
メイビ(ー)
Maybe.

おそらく。
プラ(ー)バブりぃ
Probably.

さあ大変。
オウ マイ ガ(ー)ッド
Oh, my god.

こっちへおいでよ！
Come over here!

いっしょに遊ぼう！
Let's play together!

いらっしゃい。
Hi, come in.

ああ，もうこんな時間！
Oh, look at the time!

忘れないで！
Don't forget!

信じられない！
I can't believe it!

マジで？
Really?

うっそー。
Just kidding.

血液型は何？
(フ)ワッツ　ユア　ブラッド　タイプ
What's your blood type?

A型だよ。
マイ　ブラッド　タイプ　イズ　エイ
My blood type is A.

星座は何？
(フ)ワッツ　ユア　サイン
What's your sign?

うお座だよ。
アイム　ア　パイスィーズ
I'm a Pisces.

星座

おひつじ座	エアリーズ Aries	おうし座	トーラス Taurus
ふたご座	ヂェミナイ Gemini	かに座	キャンサァ Cancer
しし座	リーオウ Leo	おとめ座	ヴァーゴウ Virgo
てんびん座	リーブラ Libra	さそり座	スコーピオウ Scorpio
いて座	サヂテアリアス Sagittarius	やぎ座	キャプリコーン Capricorn
みずがめ座	アクウェアリアス Aquarius	うお座	パイスィーズ Pisces

あいさつ

自己紹介

学校で

友達に

家で・家族と

おでかけ・旅行

家で・家族に
コレが言いたい！

ずィス　イズ　マイ　ルーム
This is my room.
（ここは私の部屋だよ。）

ざ　　バすルーム
The bathroom.
（トイレだよ。）

ずィス　イズ　ハヤトズ　ルーム
This is Hayato's room.
（ここははやとの部屋だよ。）

ハイ　ハヤト
Hi, Hayato!
（こんにちは，はやと！）

へろウ
Hello.
（こんにちは。）

ここには家に人が来たとき、家族で話すときに使える表現が集めてあるよ。
塩を取って。とてもおいしい！頭が痛いよ。
言いたいことを見つけよう。

It's delicious!
（すごくおいしい！）

Here you are!
（どうぞ！）

It's hot!
（からい〜っ！）

43 | ここがリビングだよ

▶家の中

ここがリビングだよ。
ディス イズ ざ リヴィング ルーム
This is the living room.

そうなんだ。
アイ スィー
I see.

ディス イズ ざ
This is the .... 「ここは…（場所）です。」

ディス イズ ざ
This is the 〜　黄色のカードを入れかえて言ってみよう！

場所（家）

ベッドルーム，寝室
ベッドルーム
bedroom

リビング，居間
リヴィング ルーム
living room

私の部屋
マイ ルーム
my room ※theはつきません。

キッチン，台所
キチン
kitchen

ダイニング，食堂
ダイニング ルーム
dining room

浴室
バスルーム
bathroom

トイレ
バスルーム
bathroom

階段
ステアズ
stairs

和室
タタミ　ルーム
tatami room

ろう下
ホーるウェイ
hallway

ベランダ
ばるコニィ
balcony

屋根裏部屋
アティック
attic ※theは[ずィ]と読みます。

げん関
エントゥランス
entrance ※theは[ずィ]と読みます。

庭
ヤード　　　　　　ガードゥン
（米で）**yard,**（英で）**garden**

1階
ふぁ〜スト　ふろー
first floor

2階
セカンド　ふろー
second floor

私の家　※theはつきません。
マイ　　ハウス
my house

地下室
ベイスメント
basement

→ p.102「学校の施設」p.198「場所（レジャー）」

あいさつ

自己紹介

学校で

友達に

家で・家族と

おでかけ・旅行

□ ベッドルーム，寝室 bedroom

たんす
チェスト
chest

パジャマ
パヂャーマズ
pajamas

電気スタンド
デスク らンプ
desk lamp

押し入れ
クら(ー)ゼット
closet

引き出し
ドゥローア
drawer

ここが私の部屋です。
ディス イズ マイ ルーム
This is my room.

動物のぬいぐるみ
スタフト アニマる
stuffed animal

窓（まど）
ウィンドウ
window

カーテン
カ～トゥン
curtain

机（つくえ）
デスク
desk

ベッド
ベッド
bed

いす
チェア
chair

まくら
ピロウ
pillow

シーツ
シート
sheet

ごみ箱（ばこ）
ウェイストバスケット
wastebasket

毛布（もうふ）
ブランケット
blanket

かけ布団（ぶとん）
カンフォータァ
comforter

□ キッチン, 台所 kitchen

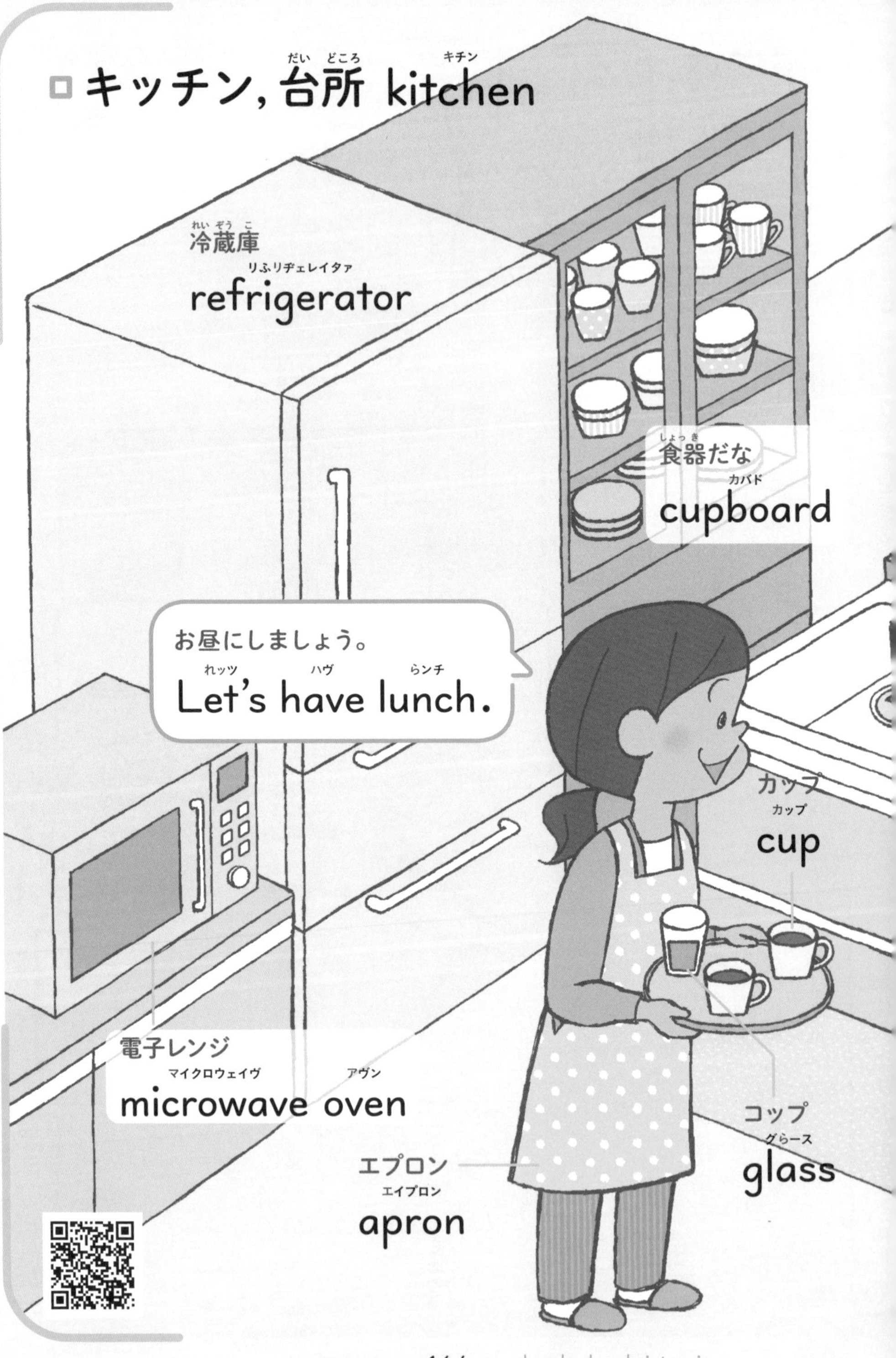

冷蔵庫
refrigerator

食器だな
cupboard

お昼にしましょう。
Let's have lunch.

cup

microwave oven

apron

glass

ダイニング，食堂

dining room

ランチョンマット
プレイス　マット
place mat

テーブル　テイブる
table

コースター
コウスタァ
coaster

いす　チェア
chair

（浅い）皿
プれイト
plate

はし
チャ（ー）ップスティックス
chopsticks

流し
スィンク
sink

観葉植物
ハウスプラント
houseplant

包丁
キチン　ナイふ
kitchen knife

なべ
パ（ー）ット
pot

やかん
ケトゥる
kettle

こんろ
ストウヴ
stove

食器洗い機
ディッシワ（ー）ッシャ
dishwasher

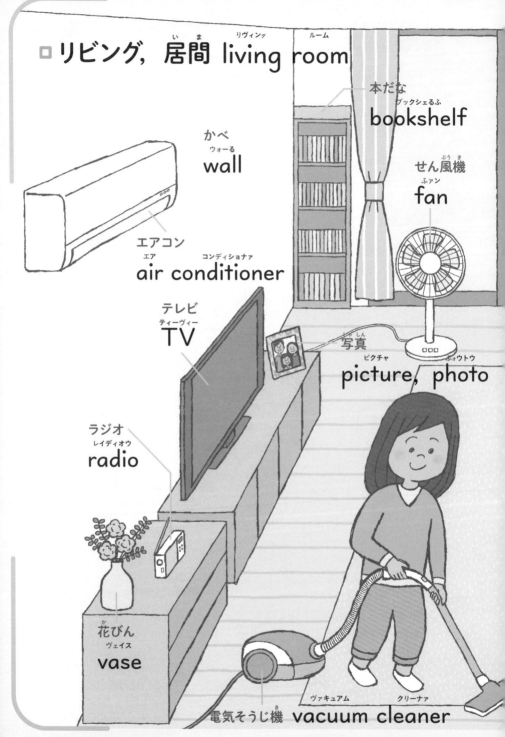

リビング，居間 living room

本だな
bookshelf

かべ
wall

せん風機
fan

エアコン
air conditioner

テレビ
TV

写真
picture, photo

ラジオ
radio

花びん
vase

電気そうじ機 vacuum cleaner

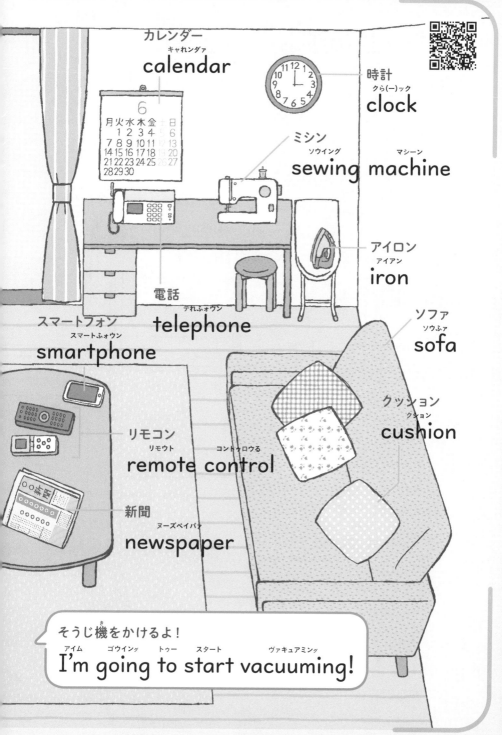

カレンダー
calendar
キャレンダァ

時計
クら(-)ック
clock

ミシン
ソウイング
sewing machine
マシーン

アイロン
アイアン
iron

電話
てれふォウン
telephone

スマートフォン
スマートふォウン
smartphone

ソファ
ソウふァ
sofa

クッション
クション
cushion

リモコン
リモウト
remote control
コントゥロウる

新聞
ヌーズペイパァ
newspaper

そうじ機をかけるよ！
アイム　ゴウイング　トゥー　スタート　ヴァキュアミング
I'm going to start vacuuming!

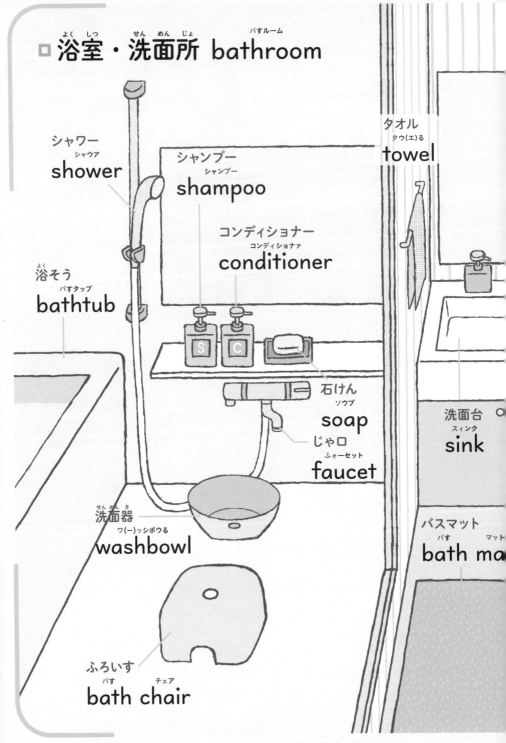

□ 浴室・洗面所 bathroom

よく しつ　せん めん じょ　バスルーム

シャワー
シャウア
shower

シャンプー
シャンプー
shampoo

コンディショナー
コンディショナァ
conditioner

タオル
タウ(エ)る
towel

浴そう
よく
バスタップ
bathtub

石けん
ソウプ
soap

じゃ口
ふぉーセット
faucet

洗面台
スィンク
sink

洗面器
せん めん き
ワ(ー)ッシボウる
washbowl

バスマット
ばす　　　マット
bath ma

ふろいす
せん めん き
ばす　チェア
bath chair

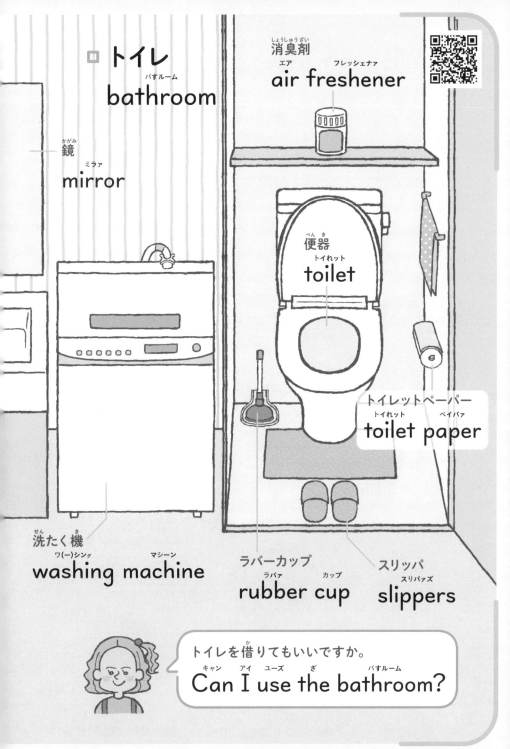

□ トイレ
バスルーム
bathroom

消臭剤
しょうしゅうざい
エア　　　フレッシェナァ
air freshener

鏡
かがみ
ミラァ
mirror

便器
べんき
トイレット
toilet

トイレットペーパー
トイレット　　　　ペイパァ
toilet paper

洗たく機
せんたくき
ワ(ー)シング　　　マシーン
washing machine

ラバーカップ
ラバァ　　　カップ
rubber cup

スリッパ
スリパァズ
slippers

トイレを借りてもいいですか。
か
キャン　アイ　ユーズ　ざ　　バスルーム
Can I use the bathroom?

□ げん関 entrance
エントゥランス

車庫
garage
ガラーヂ

車
car
カー

明かり
light
らイト

ドア
door
ドー

バケツ
bucket
バケット

ごみ箱
trash can
トゥラッシ キャン

シャベル
shovel
シャヴ(ェ)る

インターホン
intercom
インタァカ(ー)ム

自転車 bike
じてんしゃ バイク

郵便受け mailbox
ゆうびんう メイるバ(ー)ックス

POST

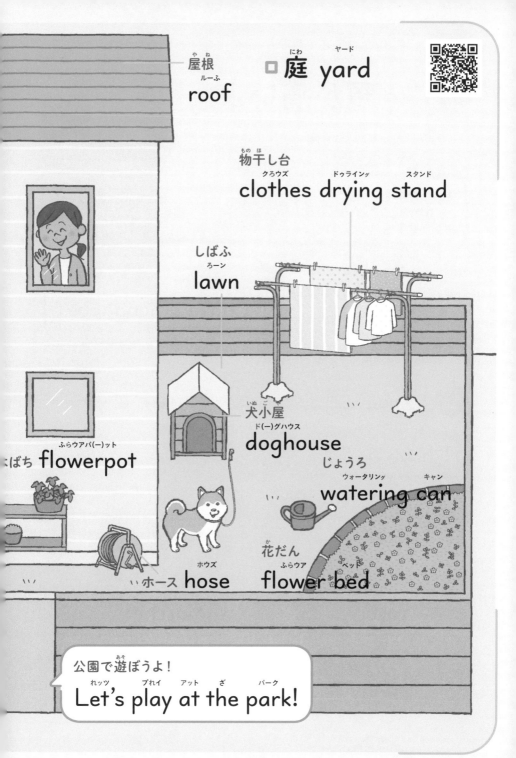

屋根
ルーふ
roof

口 庭 yard
にわ ヤード

物干し台
もの ほ
クロウズ ドゥライング スタンド
clothes drying stand

しばふ
ろーン
lawn

犬小屋
いぬ ご
ド(ー)グハウス
doghouse

じょうろ
ウォータリング キャン
watering can

ふらウアパ(ー)ット
なばち flowerpot

ホウズ
ホース hose

花だん
か
ふらウア ベッド
flower bed

公園で遊ぼうよ！
あそ
れッツ プれイ アット ざ パーク
Let's play at the park!

44 | 頭が痛いよ

▶病気・体

どうしたの？
What's wrong?
(フ)ワッツ ロ(ー)ンヶ

頭が痛いよ。
I have a headache.
アイ ハヴ ア ヘデイク

 ポイント アイ ハヴ ア
I have a .... 「…（体調不良）です。」

アイ ハヴ ア
I have a ── 黄色のカードを入れかえて言ってみよう！

病気

風邪
コウるド
cold

せき
コ(ー)ふ
cough

（病気による）熱
ふィーヴァ
fever

下痢　※aはつけません。
ダイアリィーア
diarrhea

鼻水が出る
ラニィ　ノウズ
runny nose

鼻づまり
スタふィ　ノウズ
stuffy nose

頭痛
ヘデイク
headache

腹痛
スタマケイク
stomachache

歯痛
トゥーセイク
toothache

のどの痛み
ソー　すロウト
sore throat

筋肉痛
ソー　マスるズ
sore muscles ※aはつけません。

インフルエンザ
ざ　ふるー
the flu ※aはつけません。

脚の痛み
ペイン　イン　マイ　れッグ
pain in my leg

のほかに

こんなふうにも
言えるよ！

□ 気分が悪いとき

気分がよくないんだ。
アイム　ナ(ー)ット　ふィーリング　ウェる
I'm not feeling well.

気持ち悪いよ。
アイ　ふィーる　スィック
I feel sick.

はきそう。
アイ　ふィーる　ノーシャス
I feel nauseous.

あいさつ

自己紹介

学校で

友達に

家で・家族と

おでかけ・旅行

□ 体 body
バ(ー)ディ

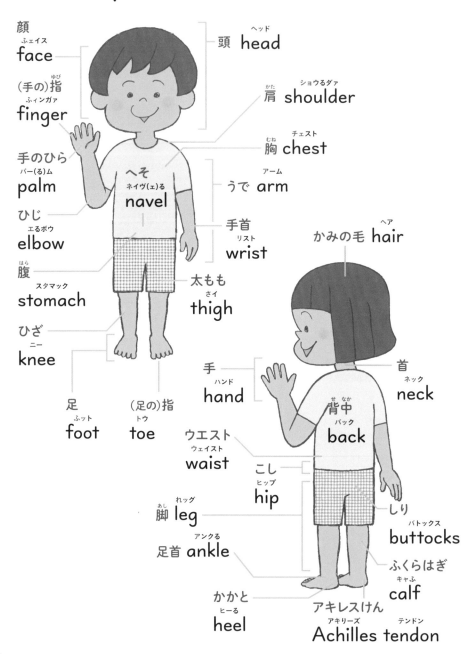

顔
フェイス
face

頭 head
ヘッド

(手の)指
ゆび
フィンガァ
finger

肩 shoulder
かた
ショウるダァ

手のひら
パー(る)ム
palm

胸 chest
むね
チェスト

へそ
ネイヴ(ェ)る
navel

うで arm
アーム

ひじ
エるボウ
elbow

手首
リスト
wrist
かた

かみの毛 hair
ヘア

腹
はら
スタマック
stomach

太もも
サイ
thigh

ひざ
ニー
knee

手
ハンド
hand

首 neck
ネック

背中
せ なか
バック
back

足
ふっと
foot

(足の)指
トウ
toe

ウエスト
ウェイスト
waist

こし
ヒップ
hip

脚 leg
あし
レッグ

しり
バトックス
buttocks

足首 ankle
アンクる

ふくらはぎ
キャふ
calf

かかと
ヒーる
heel

アキレスけん
アキリーズ　テンドン
Achilles tendon

176　one hundred and seventy-six

□ 顔 face
フェイス

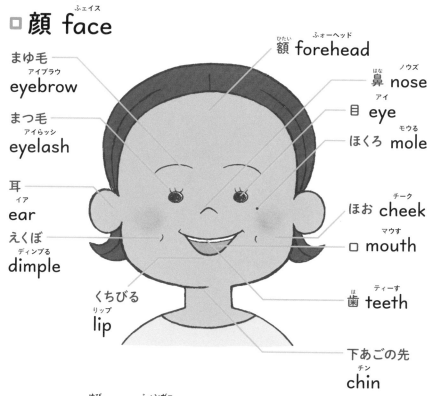

まゆ毛
アイブラウ
eyebrow

まつ毛
アイらッシ
eyelash

耳
イア
ear

えくぼ
ディンプる
dimple

くちびる
リップ
lip

額 forehead
ひたい / ふォーヘッド

鼻 nose
はな / ノウズ

目 eye
アイ

ほくろ mole
モウる

ほお cheek
チーク

口 mouth
マウす

歯 teeth
は / ティーす

下あごの先
チン
chin

□ (手の)指 finger
ゆび / ふィンガァ

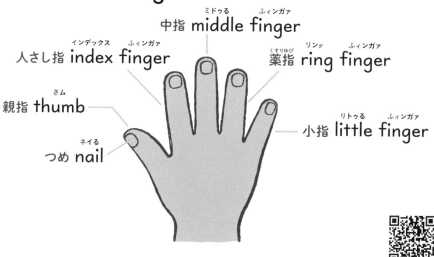

中指 middle finger
ミドゥる / ふィンガァ

人さし指 index finger
インデックス / ふィンガァ

薬指 ring finger
くすりゆび / リング / ふィンガァ

親指 thumb
さム

小指 little finger
リトゥる / ふィンガァ

つめ nail
ネイる

45 | トマトが必要！

▶野菜・果物・肉・魚など

何が必要かな。
(フ)ワット ドゥー ウィー ニード
What do we need?

トマトが必要だよ。
ウィー ニード ア トメイトウ
We need a tomato.

ポイント
ウィー ニード ア
We need a .... 「私たちは…が必要です。」

ウィー ニード ア
We need a 〔黄色のカードを入れかえて言ってみよう！〕

□
野菜

アスパラガス
アスパラガス
asparagus ※aが a stalk of となります。

モヤシ
ビーン スプラウツ
bean sprouts ※aはつけません。

ブロッコリー
ブラ(ー)カリィ
broccoli ※aが a head of となります。

キャベツ
キャベヂ
cabbage ※aがa head ofとなります。

ニンジン
キャロット
carrot

キュウリ
キューカンバァ
cucumber

カリフラワー
カーりふらウア
cauliflower ※aがa head ofとなります。

トウモロコシ
コーン
corn ※aがan ear ofとなります。

ナス
エッグプらント
eggplant ※aがanになります。

ピーマン
グリーン　　　ペパァ
green pepper

ダイコン
ヂャパニーズ　　ラディッシ
Japanese radish

トマトが必要だよ。

We need a tomato.
ウィー　ニード　ア　トメイトウ

レタス
lettuce ※aが a head of となります。
れタス

マッシュルーム
mushroom
マッシル(ー)ム

エンドウ豆
peas ※aはつけません。
ピーズ

タマネギ
onion ※aが an になります。
アニョン

ジャガイモ
potato
ポテイトウ

カボチャ
pumpkin
パン(プ)キン

ホウレンソウ
spinach ※aが a bunch of となります。
スピネッチ

サツマイモ
sweet potato
スウィート　ポテイトウ

果物(くだもの)

リンゴ ※aがanになります。
アプる
apple

ミカン
マンダリン
mandarin

アンズ
エイプリカ(ー)ット
apricot ※aがanになります。

ブルーベリー
ぶるーベリィズ
blueberries ※aはつけません。

サクランボ
チェリィズ
cherries ※aはつけません。

バナナ
バナナ
banana

イチジク
ふィッグ
fig

ブドウ ※aはつけません。
グレイプス
grapes

グレープフルーツ
グレイプふルート
grapefruit

ナシ
ヂャパニーズ　　　ペア
Japanese pear

キウイ
キーウィー　　ふルート
kiwi (fruit)

あいさつ

自己紹介

学校で

友達に

家で・家族と

おでかけ・旅行

トマトが必要だよ。
ウィー ニード ア トメイトウ
We need a tomato.

レモン
れモン
lemon

ライチ ※aはつけません。
リーチィズ
lychees

マンゴー
マンゴウ
mango

メロン
メロン
melon

オレンジ
オ(ー)レンヂ
orange ※aがanになります。

パパイヤ
パパイア
papaya

モモ
ピーチ
peach

洋なし
ペア
pear

カキ
パスィモン
persimmon

パイナップル
パイナプる
pineapple

スモモ
プらム
plum

イチゴ ※aはつけません。
ストゥローベリィズ
strawberries

スイカ
ウォータメろン
watermelon

肉・魚・チーズ・卵

肉
ミート
meat　※aはつけません。

牛肉
ビーふ
beef*

豚肉
ポーク
pork*

とり肉
チキン
chicken*

子羊の肉
ラム
lamb*

ハム
ハム
ham*

ソーセージ　※aはつけません。
ソ(ー)セッヂ
sausage

ベーコン
ベイコン
bacon*

魚
フィッシ
fish　※aはつけません。

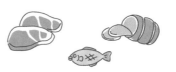

＊マークのついている牛肉，豚肉やチーズにはaやanはつけない。売られている様子や重さによって言い方が変わるよ。例えば、パック入りのものはa pack of beef（1パックの牛肉），うすいものはa slice of cheese（1枚のチーズ），a slice of ham（1枚のハム），重さの場合は100 g of pork（豚肉100グラム）などと言うことができる。

あいさつ

自己紹介

学校で

友達に

家で・家族と

おでかけ・旅行

トマトが必要だよ。
ウィー ニード ア トメイトウ
We need a tomato.

貝（かい）
シェるふぃッシ
shellfish ※aはつけません。

チーズ
チーズ
cheese*

卵（たまご）
エッグ
egg ※aがanになります。

→ p.186 「調味料（ちょうみりょう）」, p.187 「調理器具（ちょうりきぐ）」, p.189 「食器（しょっき）」

主食（しゅしょく）の食材（しょくざい）

米（こめ）
ライス
rice

小麦粉（こむぎこ）
ふらうア
flour

マカロニ
マカロウニィ
macaroni

スパゲティ
スパゲティ
spaghetti

うどん
ウドン ヌードゥるズ
udon noodles

ラーメン
ラーメン
ramen

そば
バク(フ)ウィート ヌードゥるズ
buckwheat noodles

※どれにもa, anはつけません。

調理方法

（食事・飲み物）を作る	メイク make
（熱を加えて）…を料理する	クック cook
…を切る	カット cut
（野菜など）を細かく切り刻む	チャ(ー)ップ chop
（野菜・果物など）の皮をむく	ピーる peel
…を混ぜる	ミックス mix
（卵・クリームなど）をあわ立てる	(フ)ウィップ whip
（おろし器で）…をおろす	グレイト grate
…をゆでる	ボイる boil
…をいためる	スタ〜ふライ stir-fry
…を油であげる	ディープふライ deep-fry
（オーブンでパンなど）を焼く	ベイク bake
（魚・肉など）をあみで焼く	(米で)ブロイる broil, (英で)グリる grill
（オーブン・じか火で肉など）をあぶる	ロウスト roast

46 塩を取って

しお と

▶調味料・調理器具・食器
ちょうみりょう ちょうりきぐ しょっき

塩を取って。
しお と
バス ミー ざ ソールト
Pass me the salt.

はい，どうぞ。
ヒア ユー アー
Here you are.

ポイント

バス ミー ざ
Pass me the .... 「…を取ってください。」

バス ミー ざ
Pass me the 黄色のカードを入れかえて
言ってみよう！

□ 調味料
ちょうみりょう

砂糖
さとう
シュガァ
sugar

しょう油
ゆ
ソイ ソース
soy sauce

す
ヴィネガァ
vinegar

みそ
ミソ
miso

油
あぶら
オイる
oil ※theは［ずィ］と読みます。

こしょう
ペパァ
pepper

ショウガ
ヂンヂャ
ginger

ケチャップ
ケチャプ
ketchup

マヨネーズ
メイアネイズ
mayonnaise

だしのもと
インスタント　スタ(ー)ック
instant　stock ※theは［ずィ］と読みます。

➡ p.178「野菜」，p.181「果物」，p.183「肉・魚・チーズ・卵」

調理器具

なべ
パ(ー)ット
pot

（浅い）平なべ
パン
pan

フライパン
フライイング　パン
frying pan

ふた
リッド
lid

やかん
ケトゥる
kettle

蒸し器
スティーマァ
steamer

（料理用の）ボール
ボウる
bowl

ざる
カランダァ
colander

おたま
れイドゥる
ladle

へら
スパチェら
spatula

塩を取って。
しお　と
Pass me the salt.
バス　ミー　ざ　ソーるト

あわ立て器
き
whisk
(フ)ウィスク

フライ返し
かえ
turner
ター〜ナァ

しゃもじ
rice scoop
ライス　スクープ

皮むき器
かわ　き
peeler
ピーらァ

包丁
ほうちょう
kitchen knife
キチン　ナイふ

まな板
いた
cutting board
カティング　ボード

おろし器
き
grater
グレイタァ

ミキサー
juicer
ヂューサァ

はかり
kitchen scale
キチン　スケイる

おぼん
tray
トゥレイ

ミトン
oven mitten ※theは［ずィ］と読みます。
アヴン　ミトゥン

アルミホイル
aluminum foil ※theは［ずィ］と読みます。
アるーミナム　ふォイル

○ ラップ
プらスティック　ラップ
plastic wrap

○ キッチンペーパー
ペイパァ　タウ(エ)る
paper towel

□ 食器

○ 皿
ディッシ
dish

○ (浅い) 皿
プれイト
plate

○ スープ皿
スープ　プれイト
soup plate

○ 茶わん
らイス　ボウる
rice bowl

○ どんぶり
ボウる
bowl

○ おわん
ウドゥン　ボウる
(wooden) bowl

○ コップ
グらス
glass

○ カップ
カップ
cup

○ はし
チャ(ー)ップスティックス
chopsticks

○ スプーン
スプーン
spoon

○ ナイフ
ナイふ
knife

○ フォーク
ふォーク
fork

○ ストロー
ストゥろー
straw

○ ティーポット
ティーパ(ー)ット
teapot

あいさつ／自己紹介／学校で／友達に／家で・家族と／おでかけ・旅行

47

このカレー、おいしいね

▶味・食感

どうかな。
How is it?
(ハウ イズ イット)

すごくおいしいです。
It's delicious.
(イッツ ディリシャス)

ポイント
It's .... (イッツ)　「それは…（味・食感）です。」

　黄色のカードを入れかえて
言ってみよう！

□
味

おいしい
（グッド）
good

とてもおいしい
（ディリシャス）
delicious

うまい
（ヤミィ）
yummy

あまい
（スウィート）
sweet

塩からい
（ソールティ）
salty

酸っぱい
サウア
sour

苦い
ビタァ
bitter

からい
ハ(ー)ット
hot

まろやかな
マイるド
mild

ぴりっとした
スパイスィ
spicy

□ 食感
しょっかん

歯ごたえのある
チューイ
chewy

かたい
ハード
hard

カリカリした
クリスピィ
crispy

ザクザクした
クランチィ
crunchy

サクサクした
ふれイキィ
flaky

フワフワした
ふらふィ
fluffy

ジューシーな
ヂュースィ
juicy

しめった
モイスト
moist

どろどろした
マシィ
mushy

あいさつ

自己紹介

学校で

友達に

家で・家族と

おでかけ・旅行

すごくおいしいです。
イッツ　ディリシャス
It's delicious.

やわらかい
ソ(ー)ふト
soft

とろとろした
ラ二ィ
runny

ねばねばした
スティキィ
sticky

➡ p.154「出来事の感想」

のほかに

こんなふうにも
言えるよ!

ほかの言い方

私はこんなにおいしいステーキを食べたことがないよ。
アイ　ハヴ　ネヴァ　イートゥン　サッチ　ア　ディリシャス　ステイク
I have never eaten such a delicious steak.

私はこのカレーに入っている牛肉が好きだよ。
アイ　らイク　ざ　ビーふ　イン　ずィス　カ〜りィ
I like the beef in this curry.

私はこのサンドイッチを毎日食べたいな。
アイ　ワ(ー)ント　トゥー　イート　ずィス　サン(ド)ウィッチ　エヴリ　デイ
I want to eat this sandwich every day.

私_{わたし}はそれを作りたいな。
アイ　ワ(ー)ント　トゥー　メイク　イット
I want to make it.

レシピを教えてください。
プリーズ　ギヴ　ミー　ざ　レスィピ
Please give me the recipe.

私_{わたし}はその写真_{しゃしん}をとりたいな。
アイ　ワ(ー)ント　トゥー　テイク　ア　ピクチァ　アヴ　イット
I want to take a picture of it.

とてもおいしそうだね。
イット　ルックス　ディリシャス
It looks delicious.

とてもいいにおいがするね。
イット　スメるズ　ソウ　グッド
It smells so good.

このケーキは私にはあますぎる。
ずィス　ケイク　イズ　トゥー　スウィート　ふォー　ミー
This cake is too sweet for me.

このコーヒーは苦_{にが}いので，砂糖_{さとう}がほしいな。
ずィス　コ(ー)ふィ　イズ　ビたァ　ソウ　アイ　ワ(ー)ント　サム　シュガァ
This coffee is bitter, so I want some sugar.

あいさつ

自己紹介

学校で

友達に

家で・家族と

おでかけ・旅行

本屋さんに行きたいな

▶場所2

今度の日曜日，どこに行きたい？
(フ)ウェア ドゥー ユー ワ(ー)ント トゥー ゴウ ずィス サンデイ
Where do you want to go this Sunday?

本屋さんに行きたいな。
アイ ワ(ー)ント トゥー ゴウ トゥー
I want to go to

ざ ブックストー
the bookstore.

ポイント アイ ワ(ー)ント トゥー ゴウ トゥー
I want to go to ....　「私は…に行きたいです。」

アイ ワ(ー)ント トゥー ゴウ トゥー ざ
I want to go to the

黄色のカードを入れかえて言ってみよう！

□ 場所（買い物）

パン屋
ベイカリィ
bakery

洋服屋
クロウずィング ストー
clothing store

ケーキ屋
ケイク シャ(ー)ップ
cake shop

CD店
スィーディー シャ(ー)ップ
CD shop

コンビニエンスストア
コンヴィーニエンス ストー
convenience store

手芸屋
しゅげいや
クラフツ　　　　　　ストー
crafts store

デパート
ディパートメント　　　　　ストー
department store

花屋
はなや
ふらウア　　　　シャ(ー)ップ
flower shop

家具店
かぐてん
ふぁ〜ニチャ　　　　シャ(ー)ップ
furniture shop

ホームセンター
ホウム　　　　　インプルーヴメント　　　　ストー
home improvement store

ショッピングセンター
モーる
mall

100円ショップ
ワンハンドゥレッド　　イェン　　　シャ(ー)ップ
100-yen shop

ペットショップ
ペット　　　シャ(ー)ップ
pet shop

古本屋
セカンドハンド　　　　　　　ブックストア
secondhand bookstore

スーパーマーケット
スーパマーケット
supermarket

スポーツ用品店
ようひんてん
スポーツ　　　シャ(ー)ップ
sports shop

店
ストー
(米で)store,　(主に英で)shop

あいさつ

自己紹介

学校で

友達に

家で・家族と

おでかけ・旅行

本屋さんに行きたいな。
I want to go to the bookstore.
アイ ワ(ー)ント トゥー ゴウ トゥー ざ ブックストー

おもちゃ屋
toy store
トイ ストー

レンタルビデオ店
video rental store
ヴィディオウ レントゥる ストー

➡ p.242「国」, p.244「都市」, p.246「場所（観光地）」

I want to go to the
アイ ワ(ー)ント トゥー ゴウ トゥー ざ

黄色のカードを入れかえて
言ってみよう！

□ 場所（自然）

森
forest
ふォーレスト

草原
meadow
メドウ

湖
lake
れイク

山
mountain
マウントゥン

具体的に山の名前を言うときは, mountainではなくMt.を使う。だから富士山は, Fuji mountainではなくMt. Fujiだよ。

島
アイらンド
island ※theは［ずィ］と読みます。

海
スィー
sea

川
リヴァ
river

砂漠
デザト
desert

ジャングル
ヂャングる
jungle

サバンナ
サヴァナ
savanna

火山
ヴァ(ー)るケイノウ
volcano

北極
ノーす　ポウる
North Pole

南極
サウす　ポウる
South Pole

星の名前

太陽	the sun ざ　サン	月	the moon ざ　ムーン
地球	the earth ずィ　ア〜す	水星	Mercury マ〜キュリィ
金星	Venus ヴィーナス	火星	Mars マーズ
木星	Jupiter デュービタァ	土星	Saturn サタン
天王星	Uranus ユ(ア)ラナス	海王星	Neptune ネプトゥーン

あいさつ

自己紹介

学校で

友達に

家で・家族と

おでかけ・旅行

本屋さんに行きたいな。
<ruby>ほん<rt>ほん</rt></ruby><ruby>屋<rt>や</rt></ruby>さんに行きたいな。
アイ ワ(ー)ント トゥー ゴウ トゥー ざ ブックストー
I want to go to the bookstore.

アイ ワ(ー)ント トゥー ゴウ トゥー ざ
I want to go to the

黄色のカードを入れかえて
言ってみよう！

場所（レジャー）

遊園地
ゆうえんち
アミューズメント パーク
amusement park ※theは［ずィ］と読みます。

水族館
すいぞくかん
アクウェ(ア)リアム
aquarium ※theは［ずィ］と読みます。

植物園
しょくぶつえん
ボタニカる ガードゥン
botanical garden

ボウリング場
ボウリング アリィ
bowling alley

サーカス
サ～カス
circus

プラネタリウム
プらネテ(ア)リアム
planetarium

映画館
えいがかん
ムーヴィ すィアタァ
movie theater

テーマパーク
すィーム パーク
theme park

動物園
どうぶつえん
ズー
zoo

アスレチック
ア(ー)ブスタクる コース
obstacle course ※theは［ずィ］と読みます。

スタジアム
ステイディアム
stadium

温泉
ハ(ー)ット スプリング
hot spring

スーパー銭湯
パブリック バーす アンド スパー
public bath and spa

科学博物館
サイエンス ミュ(ー)ズィ(ー)アム
science museum

あいさつ

自己紹介

学校で

友達に

家で・家族と

おでかけ・旅行

観覧車
ふェリス (フ)ウィーる
Ferris wheel

ジェットコースター
ロウらァ コウスタァ
roller coaster

メリーゴーランド
メリィゴウラウンド
merry-go-round

49 | 家で使える
ほかの表現

電話の会話

もしもし。エドです。
へろウ ずィス イズ エッド
Hello. This is Ed.

ひまりはいますか？
イズ ヒマリ ゼア
Is Himari there?

私です。
イッツ ミー
It's me.

どちら様ですか。
フーズ コーリング プリーズ
Who's calling, please?

ちょっとお待ちください。
ヂャスト ア モウメント プリーズ
Just a moment, please.

番号がちがいますよ。
ユー ハヴ ざ ロ(ー)ンッグ ナンバァ
You have the wrong number.

お手伝い

お母さん，お手伝いするよ。

アイ　ウィる　へるプ　ユー　マ(ー)ム
I will help you, Mom.

食器を洗うよ。

アイ　ウィる　ドゥー　ざ　ディッシズ
I will do the dishes.

夕食の買い物に行けるよ。

アイ　キャン　ゴウ　シャ(ー)ピング　ふォー　ディナァ
I can go shopping for dinner.

これはどこに置けばいい?

(フ)ウェア　シャる　アイ　プット　ずィス
Where shall I put this?

洗たく物を干すよ。

アイ　ウィる　ハング　アップ　ざ　ろーンドゥリィ
I will hang up the laundry.

テーブルをふくよ。

アイ　ウィる　ワイプ　ざ　テイブる
I will wipe the table.

このふきんを使ってもいい?

キャン　アイ　ユーズ　ずィス　ディッシ　タゥ(エ)る
Can I use this dish towel?

おふろを洗うよ。

アイ　ウィる　ワ(ー)ッシ　ざ　バすタッブ
I will wash the bathtub.

あいさつ

自己紹介

学校で

友達に

家で・家族と

おでかけ・旅行

お願い(ねが)

かいとといっしょに公園へ行ってもいい？

<ruby>Can<rt>キャン</rt></ruby> <ruby>I<rt>アイ</rt></ruby> <ruby>go<rt>ゴウ</rt></ruby> <ruby>to<rt>トゥー</rt></ruby> <ruby>the<rt>ざ</rt></ruby> <ruby>park<rt>パーク</rt></ruby> <ruby>with<rt>ウィず</rt></ruby> <ruby>Kaito<rt>カイト</rt></ruby>?

宿題(しゅくだい)が終(お)わったらゲームしてもいい？

<ruby>Can<rt>キャン</rt></ruby> <ruby>I<rt>アイ</rt></ruby> <ruby>play<rt>プれイ</rt></ruby> <ruby>video<rt>ヴィディオウ</rt></ruby> <ruby>games<rt>ゲイムズ</rt></ruby> <ruby>after<rt>アふタァ</rt></ruby>
<ruby>I<rt>アイ</rt></ruby> <ruby>finish<rt>ふィニッシ</rt></ruby> <ruby>my<rt>マイ</rt></ruby> <ruby>homework<rt>ホウムワ〜ク</rt></ruby>?

このアイスクリームを食べていい？

<ruby>Can<rt>キャン</rt></ruby> <ruby>I<rt>アイ</rt></ruby> <ruby>eat<rt>イート</rt></ruby> <ruby>this<rt>ずィス</rt></ruby> <ruby>ice<rt>アイス</rt></ruby> <ruby>cream<rt>クリーム</rt></ruby>?

チャンネルを変(か)えてもいい？

<ruby>Can<rt>キャン</rt></ruby> <ruby>I<rt>アイ</rt></ruby> <ruby>change<rt>チェインヂ</rt></ruby> <ruby>the<rt>ざ</rt></ruby> <ruby>channel<rt>チャ又る</rt></ruby>?

私(わたし)に新しい本を買ってくれない？

<ruby>Can<rt>キャン</rt></ruby> <ruby>you<rt>ユー</rt></ruby> <ruby>buy<rt>バイ</rt></ruby> <ruby>a<rt>ア</rt></ruby> <ruby>new<rt>ヌー</rt></ruby> <ruby>book<rt>ブック</rt></ruby> <ruby>for<rt>ふォー</rt></ruby> <ruby>me<rt>ミー</rt></ruby>?

昼はカレーライスが食べたいな。

<ruby>I<rt>アイ</rt></ruby> <ruby>want<rt>ワ(ー)ント</rt></ruby> <ruby>to<rt>トゥー</rt></ruby> <ruby>eat<rt>イート</rt></ruby> <ruby>curry<rt>カ〜リィ</rt></ruby> <ruby>and<rt>アンド</rt></ruby> <ruby>rice<rt>ライス</rt></ruby> <ruby>for<rt>ふォー</rt></ruby> <ruby>lunch<rt>らンチ</rt></ruby>.

今日(きょう)の夜は外食したいな。

<ruby>I<rt>アイ</rt></ruby> <ruby>want<rt>ワ(ー)ント</rt></ruby> <ruby>to<rt>トゥー</rt></ruby> <ruby>go<rt>ゴウ</rt></ruby> <ruby>out<rt>アウト</rt></ruby> <ruby>for<rt>ふォー</rt></ruby> <ruby>dinner<rt>ディナァ</rt></ruby> <ruby>tonight<rt>トゥナイト</rt></ruby>.

明日(あす)，6時30分に起(お)こしてください。

<ruby>Please<rt>プリーズ</rt></ruby> <ruby>wake<rt>ウェイク</rt></ruby> <ruby>me<rt>ミー</rt></ruby> <ruby>up<rt>アップ</rt></ruby> <ruby>at six<rt>アットスィックス</rt></ruby> <ruby>thirty<rt>さ〜ティ</rt></ruby> <ruby>tomorrow<rt>トゥマ(ー)ロウ</rt></ruby>.

ほかの表現

今日は午後5時ごろに帰るよ。

アイ ウィる ビー バック アラウンド ふァイヴ ピーエム トゥデイ

I will be back around 5 p.m. today.

かさを持って行った方がいい？

シュッド アイ テイク マイ アンブレら ウィず ミー

Should I take my umbrella with me?

片方のくつ下が見つからない。

アイ キャント ふァインド ずィ アざァ サ(ー)ック

I can't find the other sock.

体操服はどこ？

(ふ)ウェア イズ マイ ヂム ユーニふォーム

Where is my gym uniform?

お母さんは台所にいると思うよ。

アイ すィンク マ(ー)ム イズ イン ざ キチン

I think Mom is in the kitchen.

げん関にだれか来たよ。

サムワン イズ アット ざ ドー

Someone is at the door.

ちょっと手伝って。

ギヴ ミー ア ハンド

Give me a hand.

（トイレから）早く出てきて！

ハ〜リィ アップ アンド カム アウト

Hurry up and come out!

あいさつ

自己紹介

学校で

友達に

家で・家族と

おでかけ・旅行

おでかけ・旅行で
コレが言いたい！

ルック　アット　ザット　マンキィ
Look at that monkey!
（あのサルを見て！）

セイ　チーズ
Say cheese!
（はい，チーズ！）

ここにはおでかけで使える表現が集めてあるよ。
いくらですか。 これください。
図書館はどこですか。 イギリスに行きたいな。
言いたいことを見つけよう。

50 | Tシャツがほしいな

▶身につけるもの

いらっしゃいませ。
メイ アイ へるプ ユー
May I help you?

私はTシャツを探しています。
アイム るッキング ふォー ア
I'm looking for a
ティーシャ〜ト
T-shirt.

 ポイント アイム るッキング ふォー
I'm looking for .... 「私は…を探しています。」

アイム るッキング ふォー ア
I'm looking for a 黄色のカードを入れかえて
言ってみよう！

服（ふく）

（女性用の）ブラウス
ブらウス
blouse

シャツ
シャ〜ト
shirt

Tシャツ
ティーシャ〜ト
T-shirt

トレーナー
スウェット シャ〜ト
sweat shirt

パーカー
フディ
hoodie

タンクトップ
タンク タ(ー)ップ
tank top

セーター
スウェタァ
sweater

カーディガン
カーディガン
cardigan

ワンピース
ドゥレス
dress

スカート
スカ〜ト
skirt

ズボン
パンツ
pants*

半ズボン
ショーツ
shorts*

ジーンズ
ヂーンズ
jeans*

スパッツ
れギンッズ
leggings*

コート
コウト
coat

レインコート
レインコウト
raincoat

ジャケット
ヂャケット
jacket

ベスト
ヴェスト
vest

→ p.44「楽器」, p.61「身の回りのもの」, p.96「文ぼう具」

あいさつ

自己紹介

学校で

友達に

家で・家族と

おでかけ・旅行

私はTシャツを探しています。
I'm looking for a T-shirt.

I'm looking for a ⌒ 黄色のカードを入れかえて言ってみよう！

□ はき物・くつ下

くつ
shoes*

サンダル
sandals*

スニーカー
sneakers*

ブーツ
boots*

長ぐつ
rain boots*

スリッパ
slippers*

くつ下
socks*

タイツ
tights*

＊マークのついているズボン、くつ、手袋、イヤリングなど両足、両手、両耳に身につけるものはa pair of ~sで「1足」「1組」などを表すよ。「片方のくつ下」と言う場合はa sockになるよ。

身につけるもの

キャップ,（前にだけつばのある）ぼうし
キャップ
cap

（ふちのある）ぼうし
ハット
hat

ベルト
べると
belt

ネクタイ
タイ　　　ネクタイ
tie, necktie

マフラー
スカーふ
scarf

手袋
て ぶくろ
グらヴズ
gloves*

めがね
グらスィズ
glasses*

腕時計
うで ど けい
ワ(ー)ッチ
watch

ネックレス
ネックれス
necklace

指輪
ゆび わ
リング
ring

イヤリング
イアリンッズ
earrings*

ブレスレット
ブレイスれット
bracelet

ハンカチ
ハンカチ(ー)ふ
handkerchief

あいさつ

自己紹介

学校で

友達に

家で・家族と

おでかけ・旅行

51 このTシャツは いくら？

▶買い物の表現

いらっしゃいませ（何かお手伝いしましょうか）。
メイ　アイ　へるプ　ユー
May I help you?

はい, お願いします。
イェス　プリーズ
Yes, please.

商品を選ぶとき

あれを見せていただけますか。
ウッド　ユー　ショウ　ミー　ザット
Would you show me that?

青いTシャツはありますか。
ドゥー　ユー　ハヴ　ア　ブルー　ティーシャ〜ト
Do you have a blue T-shirt?

どんな色がありますか。
(フ)ワット　カラァズ　ドゥー　ユー　ハヴ
What colors do you have?

ほかのものを見せていただけますか。
クッド　ユー　ショウ　ミー　アナザァ　ワン
Could you show me another one?

□

試着(しちゃく)するとき

これを試着してもいいですか。
キャン　アイ　トゥライ　ディス　ア(ー)ン
Can I try this on?

試着室はどこですか。
(フ)ウェア　イズ　ざ　ふぃッティング　ルーム
Where is the fitting room?

これは大きすぎます。
ディス　イズ　トゥー　ビッグ
This is too big.

もっと小さいものはありますか。
ドゥー　ユー　ハヴ　ア　スモーらァ　ワン
Do you have a smaller one?

これは小さすぎます。
ディス　イズ　トゥー　スモーる
This is too small.

もっと大きいものはありますか。
ドゥー　ユー　ハヴ　ア　ビガァ　ワン
Do you have a bigger one?

それはあなたにお似合(にあ)いですよ。
イット　るックス　ナイス　ア(ー)ン　ユー
It looks nice on you.

あいさつ

自己紹介

学校で

友達に

家で・家族と

おでかけ・旅行

いくらですか。
ハウ マッチ イズ イット
How much is it?

20ドルです。
イッツ トゥウェンティ ダ(ー)ラァズ
It's 20 dollars.

ポイント

イッツ ダ(ー)ラァズ
It's … dollars. 「それは…ドルです。」
イッツ エン
It's … yen. 「それは…円です。」 → p.31「数」

◻ **値段を聞くとき**

あれはいくらですか。
ハウ マッチ イズ ザット
How much is that?

割引はありますか。
アー ゼア エニィ ディスカウンツ
Are there any discounts?

合計はいくらですか。
(フ)ワッツ ざ トウトゥる プライス
What's the total price?

10%割引です。
イッツ テン パセント オ(ー)ふ
It's ten percent off.

商品を買わないとき

考えさせてください。
レット ミー スィンク アバウト イット
Let me think about it.

すみません。またあとで来ます。
アイム サ(ー)リィ アイル カム バック れイタァ
I'm sorry.　I'll come back later.

見ているだけです。
アイム ヂャスト るッキング
I'm just looking.

商品を買うとき

これをください。
アイル テイク ヂス
I'll take this.

レジはどこですか。
(フ)ウェアズ ざ キャシア
Where's the cashier?

ふくろをいただけますか。
キャン アイ ハヴ ア バッグ ブリーズ
Can I have a bag, please?

おつりをどうぞ。
ヒアズ ユア チェインヂ
Here's your change.

あいさつ

自己紹介

学校で

友達に

家で・家族と

おでかけ・旅行

52 ┃ あのトラを見て

▶動物・鳥・虫

あのトラを見て。
ルック アット ザット タイガァ
Look at that tiger.

かっこいい！
クール
Cool!

ポイント
ルック アット ザット
Look at that .... 「あの…を見てください。」

□ サバンナエリア

ライオン
らイオン
lion

キリン
ヂラふ
giraffe

チーター
チータ
cheetah

シマウマ
ズィーブラ
zebra

ゾウ
エれふァント
elephant

ロ ふれあいエリア

ウマ
ホース
horse

ウシ
カウ
cow

ブタ
ピッグ
pig

ヤギ
ゴウト
goat

ヒツジ
シープ
sheep

ウサギ
ラビット
rabbit

タヌキ
ラクーン　ド（ー）グ
raccoon dog

モルモット
ギニ　ピッグ
guinea pig

ヒヨコ
チック
chick

カメ
トータス
tortoise

■ アジア・オーストラリア・アフリカ エリア

トラ
<ruby>tiger<rt>タイガァ</rt></ruby>

クマ
<ruby>bear<rt>ベア</rt></ruby>

パンダ
<ruby>panda<rt>パンダ</rt></ruby>

サル
<ruby>monkey<rt>マンキィ</rt></ruby>

コアラ
<ruby>koala<rt>コウアーら</rt></ruby>

カンガルー
<ruby>kangaroo<rt>キャンガルー</rt></ruby>

オオカミ
<ruby>wolf<rt>うるふ</rt></ruby>

ラクダ
<ruby>camel<rt>キャメる</rt></ruby>

ゴリラ
<ruby>gorilla<rt>ゴりら</rt></ruby>

キツネ
<ruby>fox<rt>ふァ(ー)ックス</rt></ruby>

ヘビ
<ruby>snake<rt>スネイク</rt></ruby>

イノシシ
<ruby>wild boar<rt>ワイるド　ボー</rt></ruby>

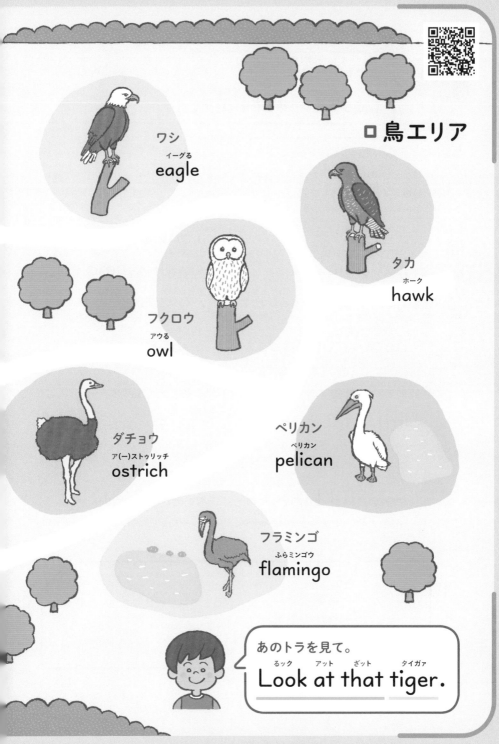

口 鳥エリア

ワシ
イーグる
eagle

タカ
ホーク
hawk

フクロウ
アウる
owl

ダチョウ
ア(ー)ストゥリッチ
ostrich

ペリカン
ペリカン
pelican

フラミンゴ
ふらミンゴウ
flamingo

あのトラを見て。
るック　アット　ザット　タイガァ
Look at that tiger.

あのトラを見て。
ルック　アット　ザット　タイガァ
Look at that tiger.

ルック　アット　ザット
Look at that

黄色のカードを入れかえて
言ってみよう！

ほかの言い方

大きい動物
ビッグ　アニマるズ
big animals

小さい動物
スモーる　アニマるズ
small animals

美しい鳥
ビューティふる　バーズ
beautiful birds

かっこいい鳥
クーる　バーズ
cool birds

かわいい動物
キュート　アニマるズ
cute animals

ふわふわした動物
ふらふぃ　アニマるズ
fluffy animals

カラフルな鳥
からふる　バーズ
colorful birds

こわい鳥
スケアリィ　バーズ
scary birds

 p.48 「色」

このページの黄色いカードを入れるときは，緑色のカードにある
thatはthoseに変わります。
ギウズ　　　　　　　　　　か
【例】Look at those big animals.
ルック　アット　ゴウズ　ビッグ　アニマるズ

▶ 動物を説明したいとき

動物の特徴はこんなふうに言えるよ

カバは草食動物だよ。

ヒポパ(ー)タマスィズ　　　アー　　ブラント　　イーティング　　アニマるズ

Hippopotamuses are plant-eating animals.

ホッキョクグマは肉食動物だよ。

ポウらァ　　ベアズ　　アー　　ミート　　イーティング　　アニマるズ

Polar bears are meat-eating animals.

レッサーパンダはこの動物園で人気があるよ。

れッサァ　　パンダズ　　アー　　パ(ー)ピュらァ　　イン　　ディス　　ズー

Lesser pandas are popular in this zoo.

この動物は日本ではめずらしいよ。

ディス　　アニマる　　イズ　　レア　　イン　　ヂャパン

This animal is rare in Japan.

サイは強い動物だよ。

ライナ(ー)セラスィズ　　アー　　ざ　　ストゥロ(ー)ング　　アニマるズ

Rhinoceroses are the strong animals.

ハトは速く飛ぶことができるよ。

ピヂョンズ　　キャン　　ふらイ　　ふァスト

Pigeons can fly fast.

ヒョウは木登りが得意だよ。

れパズ　　アー　　グッド　　アット　　クらイミング　　トゥリーズ

Leopards are good at climbing trees.

いろいろな虫

アリ
アント
ant

ハチ
ビー
bee

カブトムシ
ビートゥる
beetle

チョウ
バタふらイ
butterfly

セミ
スィケイダ
cicada

コオロギ
クリケット
cricket

トンボ
ドゥラゴンふらイ
dragonfly

ホタル
ふァイアふらイ
firefly

ハエ
ふらイ
fly

バッタ
グラスハ(ー)パァ
grasshopper

テントウムシ
れイディバグ
ladybug

カマキリ
マンティス
mantis

ガ
モ(ー)す
moth

カ
モスキートゥ
mosquito

ダンゴムシ
ピる　バグ
pill bug

クワガタムシ
スタッグ　ビートゥる
stag beetle

カタツムリ
スネイる
snail

クモ
スパイダァ
spider

アイ　ワ(ー)ント　トゥー　キャッチ　ア　スィケイダ
I want to catch a cicada.
セミをつかまえたいな。

53 | あれはアザラシ だよ

▶魚・水の生き物

これは何？
(フ)ワッツ ディス
What's this?

アザラシだよ。
イッツ ア スィーる
It's a seal.

ポイント イッツ
💡 **It's a ....** 「それは…です。」

イッツ ア
It's a ⌒ 黄色のカードを入れかえて
言ってみよう！

魚

アンコウ
アングらァふィッシ
anglerfish ※aはanになります。

フグ
ブろウふィッシ
blowfish

カツオ
バニートウ
bonito

コイ
カープ
carp

ナマズ
キャットふィッシ
catfish

クマノミ
クらうんふぃっシ
clownfish

アナゴ
カ(ー)ンガァ　　イール
conger (eel)

ウナギ
イール
eel ※aはanになります。

カレイ，ヒラメ
ふらっトふぃっシ
flatfish

トビウオ
ふらイイング　　ふぃっシ
flying fish

ニシン
ヘリング
herring

アジ
ホース　　　マカレる
horse mackerel

サバ
マカレる
mackerel

ウツボ
モ(ー)レイ　　イール
moray (eel)

ニジマス
レインボウ　　　トゥラウト
rainbow trout

エイ
レイ
ray

サケ
サモン
salmon

イワシ
サーディーン
sardine

タイ
スィー　　　ブリーム
sea bream

タツノオトシゴ
スィーホース
seahorse

サメ
シャーク
shark

→ p.214「動物」

あいさつ

自己紹介

学校で

友達に

家で・家族と

おでかけ・旅行

アザラシだよ。
イッツ　ア　スィーる
It's a seal.

アユ
スウィート　ふィッシ
sweet fish

カジキ
ソード　ふィッシ
swordfish

マグロ
トゥーナ
tuna

ブリ
イェろウ　テイる
yellowtail

イッツ　ア
It's a ⌒ 　黄色のカードを入れかえて
言ってみよう！

□ 水の生き物

ワニ
クラ(ー)コダイる　　　アリゲイタァ
crocodile, alligator ※alligator はaがanになります。

カエル
ふラ(ー)ッグ
frog

オタマジャクシ
タッドポウる
tadpole

カニ
クラブ
crab

クラゲ
ヂェリふィッシ
jellyfish

ロブスター
ら(ー)ブスタァ
lobster

イソギンチャク
スィー　　　　アネマニ
sea anemone

タコ
ア(ー)クトパス
octopus ※aはanになります。

ナマコ
スィー　キューカンバァ
sea cucumber

ウミガメ
スィー　タ～トゥる
sea turtle

ウニ
スィー　ア～チン
sea urchin

小エビ
シリンプ
shrimp

イカ
スクウィッド
squid

ヒトデ
スターふィッシ
starfish

□ 海のほ乳動物

イルカ
ダ(ー)るふィン
dolphin

ジュゴン
ドゥーガ(ー)ング
dugong

シャチ
キらァ　(フ)ウェイる
killer whale

ペンギン
ペングウィン
penguin

アシカ
スィー　らイオン
sea lion

ラッコ
スィー　ア(ー)タァ
sea otter

セイウチ
ウォーるラス
walrus

クジラ
(フ)ウェイる
whale

あいさつ
自己紹介
学校で
友達に
家で・家族と
おでかけ・旅行

54 | 出身はどこ？

▶場所 3

出身はどこ？
Where are you from?
（フ）ウェア　アー　ユー　ふロム

日本出身だよ。
I'm from Japan.
アイム　ふロム　ヂャパン

 ポイント **I'm from ....** 「私は…出身です。」　→ p.242「国・都市」
アイム　フロム

I'm from 〜 黄色のカードを入れかえて言ってみよう！
アイム　フロム

国以外で言うとき

にぎやかな都市
○ **a busy city**
ア　ビズィ　スィティ

田舎
○ **the countryside**
ざ　カントゥリサイド

静かな町
○ **a quiet town**
ア　クワイエット　タウン

寒い地域
○ **a cold area**
ア　コウるド　エ（ア）リア

暑い島
○ **a hot island**
ア　ハ（一）ット　アイらンド

雪国
○ **a snowy country**
ア　スノウイ　カントゥリィ

のほかに

こんなふうにも
言えるよ!

ほかの言い方

私は大阪生まれの三重育ちだよ。
アイ ワズ ボーン イン オーサカ アンド グルー アップ イン ミエ
I was born in Osaka, and grew up in Mie.

私のふるさとは富士山の近くだよ。
マイ ホウムタウン イズ ニア マウント フジ
My hometown is near Mt. Fuji.

私のふるさとはここから遠いよ。
マイ ホウムタウン イズ ふァー アウェイ ふラム ヒア
My hometown is far away from here.

私の村には自然がいっぱいだよ。
アウア ヴィれッヂ ハズ ア ら(ー)ット アヴ ネイチャ
Our village has a lot of nature.

私はとなり町に住んでいるよ。
アイ リヴ イン ざ ネクスト タウン
I live in the next town.

私は先月ここに引っこしてきたばかりだよ。
アイ ヂャスト ムーヴド ヒア らスト マンす
I just moved here last month.

あいさつ

自己紹介

学校で

友達に

家で・家族と

おでかけ・旅行

55

道案内で使う表現

▶施設・建物

□ 場所をたずねるとき

図書館はどこですか。
Where is the library?

私は図書館へ行きたいです。
I want to go to the library.

どうすれば図書館へ行けますか。
How do I get to the library?

図書館へ行く道を教えていただけますか。
Could you tell me the way to the library?

➜ p.102「学校の施設」, p.130「遊ぶ場所」, p.194「場所（買い物）」, p.196「場所（自然）」, p.198「場所（レジャー）」

すみません。
Excuse me.

■ 道を教えるとき

この道を行ってください。
ゴウ　ダウン　ディス　ストゥリート
Go down this street.

2ブロック進んでください。
ゴウ　ストゥレイト　フォー　トゥー　ブら(ー)ックス
Go straight for two blocks.

銀行のところで左に曲がってください。
ターン　れふト　アット　ざ　バンク
Turn left at the bank.

2つ目の角を右に曲がってください。
ターン　ライト　アット　ざ　セカンド　コーナァ
Turn right at the second corner.

それはやおやさんのとなりです。
イッツ　ネクスト　トゥー　ざ　ヴェヂタブる　ストー
It's next to the vegetable store.

それはレストランの向かいです。
イッツ　アクロ(ー)ス　ふラム　ざ　レストラント
It's across from the restaurant.

右手に図書館が見えますよ。
ユーる　スィー　ざ　らイブレリィ　ア(ー)ン　ユア　ライト
You'll see the library on your right.

歩いて10分くらいです。
イッツ　アバウト　ア　テンミニット　ウォーク
It's about a ten-minute walk.

歩くには遠すぎます。
イッツ　トゥー　ふァー　トゥー　ウォーク
It's too far to walk.

□ **乗り物を使うとき**

ヒガシ線に乗ってください。
テイク　ざ　ヒガシ　らイン
Take the Higashi Line.

キタ駅で降りてください。
ゲット　オ(ー)ふ　アット　キタ　ステイション
Get off at Kita Station.

バスに乗ってください。
ゲット　ア(ー)ン　ざ　バス
Get on the bus.

ミナミ駅で電車を乗りかえてください。
チェインヂ　トゥレインズ　アット　ミナミ　ステイション
Change trains at Minami Station.

タクシーで行った方がいいですよ。
ユー　シュッド　テイク　ア　タクスィ
You should take a taxi.

➡ p.92「乗り物」

道を知らないとき

すみません，わかりません。
サ(ー)リィ　アイ　ドウント　ノウ
Sorry, I don't know.

すみません。ここへは初めて来たのです。
サ(ー)リィ　イッツ　マイ　ふァ〜スト　タイム　ヒア
Sorry. It's my first time here.

▶ 道案内に使える目印

こんなものも覚えておくと，道案内をするのにいいね

横断歩道
クロ(ー)スウォーク
crosswalk

信号機
トゥラふィック　スィグヌる
traffic signal

駐車場
パーキング　ら(ー)ット
parking lot

自動販売機
ヴェンディング　マシーン
vending machine

ふん水
ふァウントゥン
fountain

ビル
びるディング
building

トンネル
タヌる
tunnel

ふみ切り
レイるロウド　クロ(ー)スィング
railroad crossing

私たちの町
わたし

公園
パーク
park

図書館
としょかん
らいブレリィ
library

美容院
びよういん
ビューティ　サら(ー)ン
beauty salon

ガソリンスタンド
ギャス　ステイション
gas station

ドラッグストア
ドゥラグストー
drugstore

銀行
ぎんこう
バンク
bank

DRUGSTORE

○○○銀行

郵便局
ゆうびんきょく
ポウスト　ア(ー)ふィス
post office

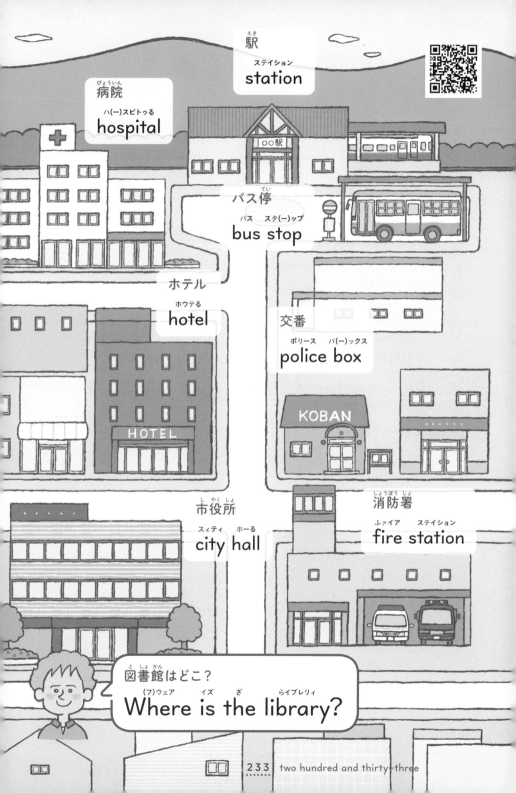

病院
ハ(ー)スピトゥる
hospital

駅
ステイション
station

バス停
バス スタ(ー)ップ
bus stop

ホテル
ホウテる
hotel

交番
ポリース バ(ー)ックス
police box

KOBAN

HOTEL

市役所
スィティ ホーる
city hall

消防署
ファイア ステイション
fire station

図書館はどこ?
(フ)ウェア イズ ざ らイブレリィ
Where is the library?

56

レストランで使う表現

▶食べ物 2

料理を選ぶとき

メニューをいただけますか。

<ruby>Can<rt>キャン</rt></ruby> <ruby>I<rt>アイ</rt></ruby> <ruby>have<rt>ハヴ</rt></ruby> <ruby>a<rt>ア</rt></ruby> <ruby>menu,<rt>メニュー</rt></ruby> <ruby>please?<rt>プリーズ</rt></ruby>
Can I have a menu, please?

おすすめは何ですか。

<ruby>What<rt>(フ)ワット</rt></ruby> <ruby>do<rt>ドゥー</rt></ruby> <ruby>you<rt>ユー</rt></ruby> <ruby>recommend?<rt>レコメンド</rt></ruby>
What do you recommend?

これは何ですか。

<ruby>What's<rt>(フ)ワッツ</rt></ruby> <ruby>this?<rt>ずィス</rt></ruby>
What's this?

どれくらいの大きさですか。

<ruby>How<rt>ハウ</rt></ruby> <ruby>big<rt>ビッグ</rt></ruby> <ruby>is<rt>イズ</rt></ruby> <ruby>it?<rt>イット</rt></ruby>
How big is it?

ご注文はお決まりですか。

<ruby>Are<rt>アー</rt></ruby> <ruby>you<rt>ユー</rt></ruby> <ruby>ready<rt>レディ</rt></ruby> <ruby>to<rt>トゥー</rt></ruby> <ruby>order?<rt>オーダァ</rt></ruby>
Are you ready to order?

いいえ，まだです。

<ruby>No,<rt>ノウ</rt></ruby> <ruby>not<rt>ノット</rt></ruby> <ruby>yet.<rt>イェット</rt></ruby>
No, not yet.

何になさいますか。
（フ）ワット　ウッド　ユー　らイク
What would you like?

シーザーサラダにします。
アイド　らイク　ア　スィーザァ　サらド
I'd like a Caesar salad.

注文するとき

注文してもいいですか。
ウィア　レディ　トゥー　オーダァ
We're ready to order.

これをいただきます。
アイる　ハヴ　ずィス　ワン
I'll have this one.

これをお願いします。
ずィス　ワン　プリーズ
This one, please.

p.236「料理」，p.239「飲み物」，p.240「デザートとおやつ」

ほかにご注文はございますか。
エニすィング　エるス
Anything else?

以上です。
ざッツ　オーる
That's all.

あいさつ

自己紹介

学校で

友達に

家で・家族と

おでかけ・旅行

🔲 料理 dishes

りょうり　り
→ p. 100 「パン，ご飯，めん」, p. 101 「おかず」

や　にく
焼き肉

グリルド　　　　ミート　　　　ヂャパニーズ　　　　バーベキュー
grilled meat, Japanese barbecue

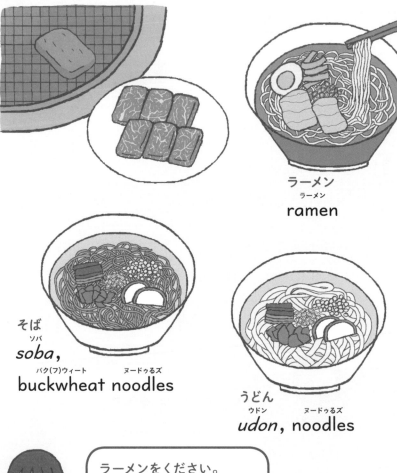

ラーメン
ラーメン
ramen

そば
ソバ
soba,
バク(フ)ウィート　　　ヌードゥルズ
buckwheat noodles

うどん
ウドン　　　　　ヌードゥルズ
udon, noodles

ラーメンをください。
アイル　　ハヴ　　　ラーメン
I'll have ramen.

フライドポテト
ふれんち　ふらいず
French fries

フライドチキン
ふらいど　　　チキン
fried chicken

スパゲティ
スパゲティ
spaghetti

ハンバーガー
ハンバ〜ガァ
hamburger

ホットドッグ
ハ(ー)ット　ドーグ
hot dog

グラタン
グラタン
gratin

ピザ
ピーツァ
pizza

❑ 飲み物 drinks

（の）（もの） ドゥリンクス

ココア
コウコウ
cocoa

コーヒー
コ(ー)ふぃ
coffee

紅茶
（こう ちゃ）
ティー
tea

サイダー
ソウダ　パ(ー)ップ
soda pop

オレンジジュース
オ(ー)レンヂ　ヂュース
orange juice

コーラ
コウら
cola

日本茶
ヂャパニーズ　ティー
Japanese tea

リンゴジュース
アプる　ヂュース
apple juice

牛乳
ぎゅうにゅう
ミるク
milk

ミネラルウォーター
ミネラる　ウォータァ
mineral water

水
ウォータァ
water

□ デザートとおやつ
ディザ～ツ　　　　　　　　アンド　　　　スナックス
desserts and snacks

ケーキ
ケイク
cake

ポテトチップス
ポテイトウ　　チップス
potato chips

キャンディー
キャンディーズ
candies

クッキー
クッキィズ
cookies

チョコレート
チョークれット
chocolate

わたがし
カ(ー)トゥン　　キャンディ
cotton candy

せんべい
ライス　　クラカァズ
rice crackers

シュークリーム
クリーム　　パふ
cream puff

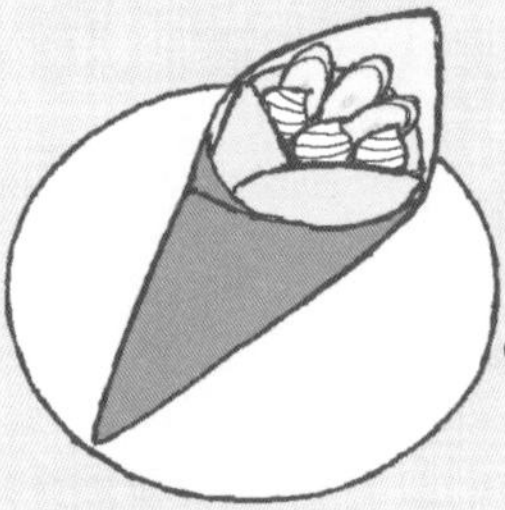

クレープ
クレイプ
crepe

カップケーキ
カップケイク
cupcake

チョコレートが大好き！
I love chocolate!

ドーナツ
donuts

アイスクリーム
ice cream

ゼリー
jelly

グミ
gummy candies

マカロン
macaroons

ナッツ
nuts

パイ
pie

パフェ
parfait

ポップコーン
popcorn

かき氷
shaved ice

チューインガム
gum

プリン
custard pudding

57 | イギリスに行きたいな

▶国・都市

イギリスに行きたいな。
アイ ワ(ー)ント トゥー ゴウ トゥー ざ ユーケイ
I want to go to the UK.

ぼくも。
ミー トゥー
Me, too.

ポイント
アイ ワ(ー)ント トゥー ゴウ トゥー
I want to go to .... 「私は…へ行きたいです。」

アイ ワ(ー)ント トゥー ゴウ トゥー
I want to go to

黄色のカードを入れかえて
言ってみよう！

国

オーストラリア
オ(ー)ストゥレイリア
Australia

ベルギー
べるヂャム
Belgium

ブラジル
ブラズィる
Brazil

カナダ
キャナダ
Canada

中国
チャイナ
China

エジプト
イーヂプト
Egypt

フィンランド
ふぃんらんど
Finland

フランス
ふらんす
France

ドイツ
ヂャ〜マニィ
Germany

インド
インディア
India

アイルランド
アイアらンド
Ireland

イタリア
イタリィ
Italy

日本
ヂャパン
Japan

マレーシア
まれイジャ
Malaysia

ニュージーランド
ヌ(ー)   ズィーらンド
New Zealand

ペルー
ペルー
Peru

ロシア
ラシャ
Russia

韓国
かん こく
サウす   コリ(ー)ア
South Korea

スペイン
スペイン
Spain

タイ
タイらンド
Thailand

(アメリカ) 合衆国
がっしゅうこく
ざ   ユーエス
the US

ベトナム
ヴィーエトナーム
Vietnam

→ p.194「場所 (買い物)」, p.196「場所 (自然)」, p.198「場所 (レジャー)」

あいさつ

自己紹介

学校で

友達に

家で・家族と

おでかけ・旅行

イギリスに行きたいな。
<ruby>I<rt>アイ</rt></ruby> <ruby>want<rt>ワ(ー)ント</rt></ruby> <ruby>to<rt>トゥー</rt></ruby> <ruby>go<rt>ゴウ</rt></ruby> <ruby>to<rt>トゥー</rt></ruby> <ruby>the<rt>ざ</rt></ruby> <ruby>UK<rt>ユーケイ</rt></ruby>.

□ 都市<small>と し</small>

アテネ
アすィンズ
Athens

バンコク
バンカ(ー)ック
Bangkok

北京
ペキン
ベイヂング
Beijing

ベルリン
バ〜リン
Berlin

ボストン
ボーストゥン
Boston

カイロ
カイ(ア)ロウ
Cairo

キャンベラ
キャンベラ
Canberra

シカゴ
シカーゴウ
Chicago

香港
ホンコン
ハ(ー)ング カ(ー)ング
Hong Kong

ロンドン
らンドン
London

ロサンゼルス
ろース アンヂェらス
Los Angeles

マドリッド
マドリッド
Madrid

メルボルン
めるバ(ー)ン
Melbourne

モスクワ
マ(ー)スカウ
Moscow

ニューデリー
ヌー　デリィ
New Delhi

ニューヨーク
ヌー　ヨーク
New York

オタワ
ア(ー)タワ
Ottawa

パリ
パリス
Paris

リオデジャネイロ
リーオウ　デイ　ヂャネロウ
Rio de Janeiro

ローマ
ロウム
Rome

サンフランシスコ
サン　ふランスィスコウ
San Francisco

シアトル
スィアトゥる
Seattle

ソウル
ソウる
Seoul

上海
シャンハイ
シャングハイ
Shanghai

シドニー
スィドニィ
Sydney

バンクーバー
ヴァンクーヴァ
Vancouver

ウィーン
ヴィエナ
Vienna

ワシントン
ワ(ー)シングトン　ディースィー
Washington, D.C.

あいさつ

自己紹介

学校で

友達に

家で・家族と

おでかけ・旅行

58 │ フランスは塔で 有名だよ

とう

ゆう めい

▶場所4

ば しょ

フランスは何で有名?

ゆう めい

(フ)ワット　イズ　　ふランス

What is France

ふェイマス　　ふォー

famous for?

塔で有名だよ。

とう

イッツ　　　　　ふェイマス　　　ふォー　ア　　タウア

It's famous for a tower.

ポイント イッツ　　ふェイマス　　ふォー　ア

💡 It's famous for a .... 「それは…で有名です。」

イッツ　　　　ふェイマス　　ふォー　ア

It's famous for a ⟜

黄色のカードを入れかえて
言ってみよう!

□ 場所（観光地）

ば しょ　かん こう ち

橋
はし
ブリッヂ
bridge

城
しろ
キャスる
castle

宮殿
きゅうでん
パれス
palace

博物館, 美術館
はく ぶつ かん　び じゅつかん
ミュ(ー)ズィ(ー)アム
museum

国立公園
ナショヌる　　　　パーク
national park

（日本の）神社
シライン
shrine

寺
テンプる
temple

教会
チャ～チ
church

像
ぞう
スタチュー
statue

イスラム教寺院
じ いん
マ(ー)スク
mosque

市場
マーケット
market

広場
パブリック　　　　スクウェア
public square

遺跡　　　　　※aはつけません。
い せき
ヒスト(ー)リック　　　ル(ー)インズ
historic ruins

世界遺産
せ かい い さん
ワ～るド　　　　　ヘリテッヂ　　　サイト
World Heritage Site

運河
うん が
カナる
canal

滝
たき
ウォータふォーる
waterfall

絶景
ぜっ けい
ビューティふる　　　　　スィーナリィ
beautiful scenery ※aはつけません。

→ p.51「季節」, p.92「乗り物」, p.198「場所（レジャー）」
き せつ　　　　の もの　　　　　ば しょ

あいさつ

自己紹介

学校で

友達に

家で・家族と

おでかけ・旅行

▶ 世界の観光地
世界にある有名な観光地はこんなふうに言うよ

バッキンガム宮殿
バキンガム　パレス
Buckingham Palace

ビッグベン
ビッグ　ベン
Big Ben

ストーンヘンジ
ストウンヘンヂ
Stonehenge

エッフェル塔
ずィ　アイふェる　タウア
the Eiffel Tower

ルーブル美術館
ざ　るーヴ　ミュ(ー)ズィ(ー)アム
the Louvre Museum

ベルサイユ宮殿
ざ　パれス　アヴ　ヴェ〜サイ
the Palace of Versailles

サグラダファミリア
ざ　チャ〜チ　アヴ　ざ　サグラダ　ふァミリア
the Church of the Sagrada Familia

ピサの斜塔
ざ　リーニング　タウア　アヴ　ピーザ
the Leaning Tower of Pisa

パルテノン神殿
ざ　パーさナ(ー)ン
the Parthenon

大ピラミッド
ざ　グレイト　ピラミッズ
the Great Pyramids

自由の女神像
the Statue of Liberty

ナイアガラの滝
Niagara Falls

グランドキャニオン
the Grand Canyon

マチュピチュ
Machu Picchu

ナスカの地上絵
Nazca Lines

万里の長城
the Great Wall of China

タージマハル
the Taj Mahal

アンコールワット
Angkor Wat

シドニーオペラハウス
Sydney Opera House

グレートバリアリーフ
the Great Barrier Reef

59 | 英語が話せるよ

▶言語

英語が話せます。
アイ キャン スピーク イングリッシ
I can speak English.

すごいね！
グレイト
Great!

ポイント アイ キャン スピーク
💡 I can speak .... 「私は…を話すことができます。」

アイ キャン スピーク
I can speak 〜 ⟵ 黄色のカードを入れかえて言ってみよう！

□言語

アラビア語
アラビック
Arabic

中国語
チャイニーズ
Chinese

フランス語
ふレンチ
French

ドイツ語
ヂャ〜マン
German

ヒンディー語
ヒンディー
Hindi

イタリア語
イタリャン
Italian

日本語
ヂャパニーズ
Japanese

朝鮮語
コリ(ー)アン
Korean

マレー語
マレイ
Malay

ポルトガル語
ポーチュギーズ
Portuguese

ロシア語
ラシャン
Russian

スペイン語
スパニッシ
Spanish

タイ語
タイ
Thai

ベトナム語
ヴィーエトナミーズ
Vietnamese

____ のほかに こんなふうにも言えるよ!

□ ほかの言い方

私は英語を話します。
アイ　スピーク　イングリッシ
I speak English.

私は少し英語を話すことができます。
アイ　キャン　スピーク　イングリッシ　ア　リトゥる
I can speak English a little.

英語のネイティブスピーカーは,「英語を話せる」というときに I can speak English. ではなく, I speak English. と言います。

あいさつ

自己紹介

学校で

友達に

家で・家族と

おでかけ・旅行

日本語さくいん

この辞典に載っている単語や表現が，五十音順に並んでいるよ。知りたいことばが決まっているときには見つけやすいよ。

す

※辞典本編と違った形で収録されている語もあります。
※（　）に入った語はないものと考えて並べています。

日本語の文・表現

辞典の本編で出てくる基本の文や，よく使う決まり文句などをまとめているよ。

英語さくいん

この辞典に載っている単語や表現が，アルファベット順に並んでいるよ。あの英語はどこだったかな，というときに使ってみよう。

funny	70	good	16·69·154·190	hail	136
furniture shop	195	gorilla	216	hair	176
future	113	graduate school	36	hair tie	62
G		graduation ceremony	111	hairdresser	74
game	62	Grand Canyon	249	half	133
game developer	76	grandchild	66	Halloween	55
garage	172	grandfather	66	hallway	102·163
gas station	232	grandma	66	ham	183
Gemini	159	grandmother	66	Hamburg steak	101
gentle	70	grandpa	66	hamburger	237
German	250	grapefruit	181	hamster	71
Germany	243	grapes	181	hand	176
get a good score on the test	115	grasshopper	221	handball	39
		grate	185	handkerchief	209
get the newspaper	147	grater	188	happy	20
get up	146	gratin	237	hard	78·136·191
ginger	187	gray	48	harmonica	45
giraffe	214	great	16·44·135·154	hat	209
girls' school	36	Great Barrier Reef	249	have a snowball fight	127
glass	166·189	Great Pyramids	248	have breakfast	146
glasses	209	Great Wall of China	249	have dinner	146
globe	86	green	48	have lunch	147·166
glockenspiel	107	green pepper	179	have my own smartphone	115
gloves	209	greenish color	50		
glue stick	96	grill	185	hawk	217
go abroad	115	grilled fish	101	he	141
go home	147	grilled meat	236	head	176
go on a slide	122	group action	112	headache	175
go on the swing	122	group leader	113	health committee	90
go out for dinner	202	guinea pig	215	hedgehog	72
go snowboarding	40	guitar	45	heel	176
go to bed	146	gum	241	helicopter	95
go to school	147	gummy candies	241	helped my mother	149
goal	107	gym	103	her	141
goat	215	gym uniform	203	her baby	138
gold	49	gymnastics	41	her husband	139
goldfish	71	**H**		her parent	138
golf	39	had a party	148	herring	223

tennis racket	64	tie	209	Tuesday	91
tennis team	105·107·114	tiger	216	tug of war	112
tenth	58·60	tights	208	tuna	224
test	118	time	158	tunnel	231
textbook	83·87	timid	70	turn left	229
Thai	251	tired	17·156	turn right	229
Thailand	243	today	30·93·119·135·143·203	turner	189
the day before yesterday	151	toe	176	turtle	72
		toilet	171	TV	168
the earth	197	toilet paper	171	twelfth	58·60
the flu	175	tomato	178	twelve	29·31
the moon	197	tomorrow	202	twentieth	59·60
the sun	197	tonight	202	twenty	29·31·108
the UK	242·244	too	193·211·230	twenty-eight	32
the US	243	toothache	175	twenty-eighth	59·60
their	141	tortoise	215	twenty-fifth	59·60
their aunt	138	total price	212	twenty-first	59·60
their friend	139	tough	155	twenty-five	32
their uncle	138	tour conductor	76	twenty-four	32
theirs	141	towel	170	twenty-fourth	59·60
them	141	tower	246	twenty-nine	32
theme park	198	toy store	196	twenty-ninth	59·60
they	141	track and field team	105·107	twenty-one	32
thigh	176			twenty-second	59·60
third	37·57·60	traffic signal	231	twenty-seven	32
thirsty	17	train	92	twenty-seventh	59·60
thirteen	29·31	translator	76	twenty-six	32
thirteenth	58·60	trash can	172	twenty-sixth	59·60
thirtieth	59·60	tray	189	twenty-third	59·60
thirty	32	tree	219	twenty-three	32
thirty-first	59·60	triangle	45·97	twenty-two	32
this	119	trombone	45	twin brother[sister]	67
this morning	150	tropical fish	72	two	28·31
three	28·31·68	truck	94	typhoon	136
three-legged race	112	trumpet	45	**U**	
thumb	177	try something new	115	*udon* noodles	184
thunder	136	T-shirt	205·206·210	umbrella	63·203
Thursday	91	tuba	107	uncle	66

V

X

Y

Z

W

※辞典本編と違った形で収録されている語もあります。

□ 英語の文・表現

辞典の本編で出てくる基本の文や，英語で決まった形で使われる文をまとめているよ。

〔小学生のための 聞ける!話せる!英語辞典〕

［ALPHABET］
アるふァベット

左が大文字，右が小文字だよ。

エイ	ビー	スィー
A a	**B b**	**C c**

ヂー	エイチ	アイ
G g	**H h**	**I i**

エム	エン	オウ
M m	**N n**	**O o**

エス	ティー	ユー
S s	**T t**	**U u**

ワイ	ズィー
Y y	**Z z**